药理学实验及习题指导

主　　编　魏　鑫
副 主 编　宋　达　郭文娟　蔡　佳
编　　委　（按姓氏笔画排序）

丁彩凤（昆明医科大学）　　　　　　　　于浩飞（昆明医科大学）
刘　录（云南中医药大学）　　　　　　　许银凤（云南经济管理学院）
李　进（重庆三峡医药高等专科学校）　　杨绍坤（云南经济管理学院）
吴白芬（云南经济管理学院）　　　　　　宋　达（贵州大学明德学院）
张兰春（昆明医科大学）　　　　　　　　张　祎（云南中医药大学）
郭文娟（云南医药健康职业学院）　　　　唐艳梅（云南医药健康职业学院）
蒙国懿（云南经济管理学院）　　　　　　蔡　佳（云南经济管理学院）
魏　鑫（贵州中医药大学）

科学出版社
北　京

内容简介

药理学是临床医学和基础医学、医学与药学的桥梁课程，故药理学实验要坚持以岗位需求和岗位能力为导向，坚持理论与实践相结合，兼顾素质教育与专业教育相融合，充分体现以学生为中心、利学利行的理念，着重培养学生发现问题、分析问题、解决问题及善于思考的能力，强化学生提升合理用药的能力。本书减少以教为中心的验证性实验，多采用以学为中心的盲法实验、设计性实验、探索性实验、讨论性实践及仿真情景模式，着重培养学生的动手能力，同时提高学生的思考能力、创新能力和沟通能力，为学生后续学习其他课程、实现专业人才培养目标、从事医药相关工作奠定基础。

本书主要适用于医学院校药学相关专业高职、高专学生学习药理学实验使用，同时配有习题指导，供其巩固相应知识。

图书在版编目（CIP）数据

药理学实验及习题指导/魏鑫主编. —北京：科学出版社，2021.9
ISBN 978-7-03-069571-0

Ⅰ. ①药… Ⅱ. ①魏… Ⅲ. ①药理学–实验–教材 Ⅳ. ① R965.2

中国版本图书馆 CIP 数据核字（2021）第 160671 号

责任编辑：李国红　钟　慧／责任校对：宁辉彩
责任印制：赵　博／封面设计：陈　敬

科学出版社 出版
北京东黄城根北街 16 号
邮政编码：100717
http://www.sciencep.com

河北新华第二印刷有限责任公司 印刷
科学出版社发行　各地新华书店经销

*

2021 年 9 月第 一 版　开本：787×1092 1/16
2021 年 9 月第一次印刷　印张：7
字数：186 000

定价：29.80 元
（如有印装质量问题，我社负调换）

前　言

　　药理学（pharmacology）是临床医学和基础医学、医学与药学的桥梁课程，故药理学实验要坚持以岗位需求和岗位能力为导向，坚持理论与实践相结合，兼顾素质教育与专业教育相融合，充分体现以学生为中心、利学利行的理念，着重培养学生发现问题、分析问题、解决问题及善于思考的能力，强化学生提升合理用药的能力。为体现上述原则，更好地实现课程教学目标，本书减少以教为中心的验证性实验，多采用以学为中心的盲法实验、设计性实验、探索性实验、讨论性实践及仿真情景模式，着重培养学生的动手能力，同时提高学生的思考能力、创新能力和沟通能力，为学生后续学习其他课程、实现专业人才培养目标、从事医药相关工作奠定基础。同时力求做到巩固药理学知识与培养实验能力并重，配有习题指导，供学生自我检测所学内容。

　　在编写过程中我们参考了多本药理学教材及执业药师考试相关试题，供医学院校高职、高专学生使用。

　　本书在编辑、出版过程中得到了参编单位和各编委的大力支持与协作，在此致以衷心的感谢。限于我们的学识和水平有限，本书不足之处在所难免，恳请各位读者批评指正，以促再版时提高和改进。

魏　鑫
2021 年 4 月

目 录

上篇　实验指导 …………………………………………………………………………… 1
　　第一章　药理学实验的基础知识 ……………………………………………………… 1
　　第二章　动物实验的基本操作技术 …………………………………………………… 7
　　第三章　影响药物作用的因素 ………………………………………………………… 22
　　第四章　药毒性及其解救 ……………………………………………………………… 25
　　第五章　药物代谢动力学参数测定 …………………………………………………… 28
　　第六章　肝、肾功能对药物的影响 …………………………………………………… 31
　　第七章　对比与区分药物 ……………………………………………………………… 34
　　第八章　设计性实验 …………………………………………………………………… 54
　　第九章　临床用药案例讨论 …………………………………………………………… 60

下篇　习题指导 …………………………………………………………………………… 66
　　第一章　药物效应动力学 ……………………………………………………………… 66
　　第二章　药物代谢动力学 ……………………………………………………………… 67
　　第三章　影响药物效应的因素 ………………………………………………………… 68
　　第四章　传出神经系统药理学概论 …………………………………………………… 68
　　第五章　胆碱受体激动药和胆碱受体阻滞药 ………………………………………… 69
　　第六章　肾上腺素受体激动药和肾上腺素受体阻滞药 ……………………………… 71
　　第七章　局部麻醉药 …………………………………………………………………… 73
　　第八章　全身麻醉药 …………………………………………………………………… 73
　　第九章　镇静催眠药 …………………………………………………………………… 74
　　第十章　抗癫痫药及抗惊厥药 ………………………………………………………… 75
　　第十一章　抗精神失常药 ……………………………………………………………… 76
　　第十二章　镇痛药 ……………………………………………………………………… 78
　　第十三章　治疗中枢神经系统退行性疾病药 ………………………………………… 79
　　第十四章　利尿药 ……………………………………………………………………… 79
　　第十五章　抗高血压药 ………………………………………………………………… 80
　　第十六章　抗心绞痛药 ………………………………………………………………… 81
　　第十七章　抗心力衰竭药 ……………………………………………………………… 82
　　第十八章　抗心律失常药 ……………………………………………………………… 82
　　第十九章　调血脂药与抗动脉粥样硬化药 …………………………………………… 83
　　第二十章　解热镇痛抗炎药、抗风湿疾病药与抗痛风药 …………………………… 83
　　第二十一章　影响免疫功能的药物 …………………………………………………… 85
　　第二十二章　组胺受体拮抗药 ………………………………………………………… 85
　　第二十三章　影响其他自体活性物质的药物 ………………………………………… 86
　　第二十四章　肾上腺皮质激素类药 …………………………………………………… 86

第二十五章	胰岛素及其他降血糖药	87
第二十六章	甲状腺激素与抗甲状腺药	87
第二十七章	垂体激素和下丘脑释放激素	87
第二十八章	性激素类药及避孕药	88
第二十九章	影响其他代谢的药物	88
第三十章	作用于呼吸系统的药物	89
第三十一章	作用于消化系统的药物	89
第三十二章	作用于血液系统的药物	89
第三十三章	抗菌药物概论	90
第三十四章	β-内酰胺类抗生素和其他作用于细胞壁的抗生素	91
第三十五章	氨基糖苷类抗生素	93
第三十六章	大环内酯类及其他抗生素	94
第三十七章	人工合成抗菌药	96
第三十八章	抗结核病药与抗麻风病药	97
第三十九章	抗真菌药	99
第四十章	抗病毒药	100
第四十一章	抗寄生虫病药	100
第四十二章	抗恶性肿瘤药	101

参考答案 ······ 102

参考文献 ······ 106

上篇 实验指导

第一章 药理学实验的基础知识

第一节 药理学实验的目的和要求

药理学实验是药理学教学的一个重要组成部分。通过药理学实验，巩固和加强学生对理论知识的理解，使学生掌握药理学实验的基本操作技能和基本实验方法，了解获得药理学知识的科学途径；培养学生的科学思维方法、严谨的科学工作态度、实事求是的作风和解决实际问题的能力，训练学生能客观地对事物进行观察、比较和分析。

一、实验前

1. 重视预习，仔细阅读实验指导，结合生理学、药理学等相关学科理论知识明确实验目的，熟悉实验原理、要求、方法和操作步骤，避免实验中出现忙乱影响实验结果。

2. 实验前清点器材和仪器，如有损坏的器材应向指导教师报告，及时更换。

二、实验时

1. 尊重并注意保护实验动物和标本，严禁与实验内容无关的刺激行为。注意安全，严防触电、火灾、动物咬伤及中毒等事故发生。

2. 严格要求自己，加强基本技能训练，培养独立操作与分工协作能力。严格按照实验指导上的步骤进行操作，准确计算给药量，节省器材和药品。仔细、耐心地观察实验过程中出现的各种现象，实事求是地记录药物出现反应的时间、动物表现以及最后的转归，联系课堂讲授的内容进行思考。

3. 在实验过程中遇到疑难之处，先要自己思考解决，如一时解决不了，应向指导教师说明情况，请求其协助解决。对于大型及精密仪器，在未熟悉其性能之前，不可轻易调试。

4. 实验室内保持安静、整洁。用药后须用原瓶塞塞好，公用药品和器材不可随意挪动。

三、实验后

1. 将实验用器材清洗擦干，清点整理后放到指定位置。如有损坏、缺少，应及时报告指导教师。

2. 将存活或死亡动物分别送至指定处所。做好实验室的清洁卫生工作。

3. 按时完成实验报告，注意科学性和逻辑性，文字要简练、整洁，杜绝互相抄袭。

第二节 药理学实验设计的基本原则

在进行药理学实验时，为保证实验结果的客观性和可信性必须遵循以下基本原则。

一、对照原则

进行实验时必须设对照组。设置对照组是为了使观察指标通过对比而发现其在处理因素（如药物等）的作用下而表现出的某种特异性变化，消除各种无关因素的影响。这就要求在比较的各组实验对象之间除了处理因素不同外，所有非处理因素应尽量保持相同，从而根据处理与不处理之间的差异，了解处理因素带来的特殊效应。对照有多种形式，如空白对照（又称正常对照），即对照组不施加处理因素，但给予同容积的溶液；模型对照，即造成疾病模型，但不给予药物处理，给予同容积的溶液；阳性对照，即给予相同适应证的市售药物，以监控实验条件；假手术对照，即除造成某种疾病模型的关键步骤外，所有手术操作均同模型对照组；自身对照，对照与实验均在同一实验对象进行，即同一个体处理前后的对照，如给药前后的对比等。若观察给药前后的指标变化，此种对照必须以指标本身对时间变化相对稳定为首要前提。

二、随机原则

随机是指对实验对象的实验顺序和分组进行随机处理。在分组时，对实验对象进行随机抽取可保证被研究的样本能代表总体，从而减少抽样误差；在施加多个处理因素时采用随机原则，可保证各组样本的条件基本一致，可减少组间人为误差。

三、重复原则

"重复"在这里有两方面的含义，一是指实验结果的可再现性，一是指实验结果应该来自足够大的样本。样本越大，重复的次数越多，实验结果的误差越小，可信度越高。

第三节　药理学实验的分组方法

药理学实验一般应当设有正常对照组、模型对照组、阳性药对照组及受试药 2 个以上给药剂量组（新药研发时要求至少设立 3 个给药剂量组，以考查量效关系）等，如需手术造成疾病模型，还应设假手术对照组。而学生上药理学实验课时，由于时间等条件的限制，可酌情减少实验分组，只设空白对照组或模型对照组及受试药 1 个给药剂量组。

一、动物分组的一般原则

实验时，要遵循受试药组与对照组一致性原则，即两组只允许在被实验因素方面有所不同，在其他方面（包括实验对象、实验者、实验条件、环境、时间以及仪器等）应力求一致。除了被实验因素外，如果两组还有不一致的地方，则对照组的存在失去其应有意义。两组之例数应相等或相近似，认为对照组只有少数几例即可，是不正确的。

分组时，为了满足以上要求，避免主观因素需要采取随机抽样的方法。所谓随机抽样就是指按照机会的安排来抽取样本，换言之，不论任何被实验的对象都有相等的机会被抽出。随机抽样的方法很多，如应用骰子法、单双号法、卡片法以及随机数表等。

必须指出，随机抽样比较适宜大样本时的分组，而小样本时随机抽样不能保证各组的一致性，故小样本时必须用人为的方法来保证各组的一致性，其目的是更好地贯彻随机抽样原则，与主观选择有本质上的区别。

二、小样本的分组法

小样本分组主要有分群法和配对（群）法。分群法是按某几个因素将对象先分为数群，而后再按随机抽样法将每群中的对象分到各组中去。有时先分为几个大群，而后每个大群再分为数个小群，最后将每个小群中的对象再随机抽样地分到各组中去。分群可按性别、体重或血压等生理或病理因素进行，一般应以观测指标或对观测指标有主要影响的因素为准来分群，如降压实验，应以血压为准来分群；豚鼠的平喘实验，须对豚鼠进行初筛，分组时，应以哮喘潜伏期来分群；降血脂实验，应以血脂水平为准来分群。而多数是按性别、体重分群。配对（群）法，是把各方面相近似的对象配成多数的对或群（两组则两个一对，三组则三个一群），然后每对（群）中的对象按随机抽样原则分到各组中去。

以最常用的分群法为例，说明如下：

由实验动物中心取来同种属并且出生日期相近的小鼠 36 只，欲就性别及体重将其分为实验及对照两组，可进行如下分组。

先就性别将动物分为雌、雄两个大群，每个大群再按体重分为数个小群（以 1g 为组距），假定其性别及体重分布情况如表 1-1 之左侧所表示，则可按随机抽样原则将各小群的动物分到两组中去。如果有的小群动物数是奇数时，则应尽力照顾到两组的均衡来分配之，最终的分组情况如表 1-1 之右侧所表示。

表 1-1　分群法分组示例

性别	分布情况		分组情况	
	体重（g）	动物数（只）	实验组（只）	对照组（只）
雌	18～19	6	3	3
	19～20	6	3	3
	20～21	3	2	1
	21～22	3	1	2
Σ		18	9	9
雄	18～19	5	3	2
	19～20	3	1	2
	20～21	6	3	3
	21～22	4	2	2
Σ		18	9	9

第四节　药理学实验数据的分析处理

一、实验结果的记录及表示方法

实验过程中，要对实验数据进行及时、客观的记录。凡是属于量反应资料（又称计量资料，即药物作用可以用数值的变化来表示，如血压的高低、时间的长短、心率的快慢、肿瘤轻重、心输出量的多少等）均应以正确的单位和数值标定。凡是由曲线记录测量指标的实验，应尽量用曲线记录实验结果，在所记录的曲线中应标注有给药或刺激记号、时间记号等。为便于对实验结果进行分析、比较，多以各组数据的均值加减标准差来制表或绘图以表示实验结果，表格要有表题，图要有图题。制作表格及作图时，应注意以下几点。

1. 表格应制三线表，表格中不用纵向线。一般按照组别、剂量、动物数、观测指标的顺序在表内由左至右填写。

2. 作图时，通常是以实验观察指标的变化为纵坐标，以时间或给药剂量为横坐标而作图，如呼吸曲线、肌肉收缩曲线等；横、纵坐标轴均应加以标注，如药物剂量、时间单位、测量指标及单位等。

3. 实验数据若呈连续性变化，则以曲线形式体现实验结果，绘制经过各点的曲线或折线应光滑；实验数据若不呈连续性变化，则不宜用曲线表示，可采用直方图的形式表示。

4. 表及图下面应附有必要的说明，如统计学显著性的表示等。

二、差值的显著性测验

实验结束后，实验者必须对所获得的实验结果进行统计学分析处理，才能发现问题，得出结论。药理学实验往往要在两组或两组以上实验对象上进行，如一组为实验组，一组为对照组，然后就两组所获得的实验数据进行比较，判断两者有无差异，从而确定被实验因素是否对实验对象确实具有某种影响，如药物疗效之观察等。但药理学研究的实验对象大都是各种动物（临床药理学的研究对象是人），所以实验中生物个体差异所造成的误差是不可避免的，此外也还有一些其他性质的误差，可统称之为实验误差。从而两组实验获得数据的差异就有可能是实验误差所造成，而在被实验对象的数目很少时（小样本），此种可能性更大。两组数据的差值究竟是被实验因素所致，还是实验误差影响所致，这不能主观决定，而一定要通过生物统计学的客观方法来判断，以确定此差值是否有统计学意义。此种方法就称为差值的显著性测验。

如果测验的结果是两组之间差异"显著"，则提示两组之间的差异可能是因处理因素（如药物）造成的；若"不显著"，就说明此差值很可能是实验误差所造成的，没有实际意义，或者是药物无差异。但不应只根据一次的结果而轻率地下结论，在动物数少时尤其如此。应视具体情况，进行重复实验。需要指出的是，统计学方法之运用需建立在对实验对象客观的、科学的分组和正确的实验资料的基础之上。不当的实验设计与错误的实验资料，即使经过统计处理，其结论仍然是不可靠的。因实验指标有量反应指标和质反应指标的不同，其统计处理方法也不同。分述如下：

1. 量反应指标的差值显著性测验法 差值显著性测验最常应用的方法为 t 检验。t 值即差值的绝对值与差值标准误之比，亦即用误差单位来衡量差值的大小，视其有无统计学意义。根据实验数据计算出者称实验 t 值，t_0 为由 t 值表查出者，称标准 t 值。基本公式如下：

$$\bar{x} = \frac{\Sigma X}{N}$$

$$s_{\bar{x}_1 - \bar{x}_2} = \sqrt{s_{\bar{x}_1}^2 + s_{\bar{x}_2}^2} \quad (\text{只适用于两组例数相等或近似之情况})$$

$$t_s = \frac{|\bar{x}_1 - \bar{x}_2|}{s_{\bar{x}_1 - \bar{x}_2}}$$

X 为被实验个体实验观察指标量的大小。N 为该组被实验的对象数。$\bar{x}$ 为该组的平均值，为测量指标最常应用的综合指标。s 为标准差，是用以估计原始数据的分散程度或原始数据的实验误差程度的人为单位。$s_{\bar{x}}$ 为标准误，用以估计平均值的可靠程度或抽样误差大小的指标。$s_{\bar{x}_1 - \bar{x}_2}$ 为均数标准误，用以估计样本均数的标准差，是表示抽样误差大小的指标。$|\bar{x}_1 - \bar{x}_2|$ 为两组平均值数据差（差值）的绝对值。自由度指的是计算某一统计量时，取值不受限制的变量个数。只有一个样本数时自由度为例数减 1 ($n-1$)，在比较两个样本平均值时，自由度为总例数减 2 ($n_1 + n_2 - 2$)。Σ 为总和。

无效假设及结果判定：首先假设两组的差异是由实验误差所致，处理因素对实验结果没有影响。然后将实验数据带入公式计算 t 值。将实验 t 值 (t_s) 与标准 t 值 (t_0) 相比较，判定标准如下：

(1) $t_0 (0.01) > t_s > t_0 (0.05)$，则 $0.01 < P < 0.05$，即无效假设成立的可能性居于

0.01～0.05，换言之，组间差异是因处理因素（如药物）所致的可能性为0.95～0.99，组间差异有显著统计学意义。

（2）$t_s > t_0 (0.01)$，则$P < 0.01$，即无效假设成立的可能性小于0.01，换言之，组间差异是因处理因素（如药物）所致的可能性大于0.99，组间差异非常显著。

（3）$t_s > t_0 (0.05)$，则$P > 0.05$，即无效假设成立的可能性大于0.05，差异不显著，无统计学意义。

标准t值可根据t值表查出，具体参考医学统计学t值表，根据自由度及特定危险率（0.05或0.01）而找出该标准t值。

2. 质反应指标的显著性测验法 计数资料显著性测验最常用的是χ^2（卡方）检验，它可以用来检验两个或多个百分比（率）之间的差异。计算方法和步骤如下：①首先假设两组的差异是由机会所致，即两组的阳性率是相同的。②将数据带入四格表，并根据χ^2计算公式算出χ^2值。③判断无效假设是否成立。

χ^2检验的公式如下：

$$\chi^2 = \frac{(ad-bc)^2 \cdot n}{(a+b)(c+d)(a+c)(b+d)}$$

根据自由度χ^2值表，自由度的计算公式为：v（自由度）=（行 -1）（列 -1），故四格表法的自由度为1。查χ^2值表可知，求得的χ^2值若> 3.84，则$P < 0.05$，有显著统计学差异；若求得的χ^2值> 6.63，则$P < 0.01$，统计学差异非常显著。即求得的χ^2值越大，否定假设情况的可能性就越大，差值是由处理因素所致的可能性越大；反之，χ^2值越小，否定假设情况的可能性越小，即差值是由实验误差所致的可能性越大。

注意：数据中无0或1时才可以用上述公式计算χ^2值。如果数据中出现了0或1，则要用简化值直接概率法计算。实验动物数必须大于40。

第五节　实验报告的书写要求

实验报告是实验者对其完成的实验工作进行的扼要的文字总结，是综合评定实验课成绩的重要依据之一。学生每完成一次实验都应提交相应的实验报告，实验报告要求结构完整、条理分明、文字简练、书写工整，措辞应注意科学性和逻辑性。

实验报告一般包括以下几项内容：

（1）姓名、学号、专业、班级及小组成员。

（2）实验项目名称及完成日期。

（3）实验目的：实验的意义。

（4）实验材料：包括实验器材、实验动物及药品、试剂。实验动物要写明其种类、性别、体重。如果所使用的仪器与实验教材规定的有所不同时，可做简要说明。

（5）实验方法：实验步骤可作简要描述，如果实验方法临时有所变动，或因操作技术影响观察的可靠性时，可作简短说明。

（6）实验结果：实验报告的描述文字力求从简，最好用图或表表示，应详细记录原始数据。对较长的曲线记录，可选取一段有变化的曲线，剪下后贴在实验报告中，并根据原始资料，真实、准确记述所观察到的实验现象。将原始数据进行统计学处理，最后用图或表来表示。绘图时，应在横轴和纵轴上画出刻度，标明数值单位。一般以纵轴表示反应强度，横轴表示时间或药物剂量。绘制表格时，应制三线表，表内布局要合理，标题在表的上方。

（7）讨论：实验结果的讨论是根据已知的理论知识和已有的文献资料对实验结果的解释和分析，判断所得到的结果是否为预期的结果；对于非预期结果要分析可能的原因，存在多方面原因时，分段撰写，切忌无中生有，主次不分。还应在讨论中指出实验结果的生物学意义。

（8）结论：结论是指实验结果进行讨论、分析后，归纳得出的概括性的判断和验证的最终结论，要求措辞简明、扼要、言之有据。

第六节　实验室守则

1. 遵守学习纪律，准时到达实验室。在做实验时因故外出或早退应向指导教师请假，经同意后方能离开实验室。

2. 实验时应严肃认真，不得高声谈笑及进行任何与实验无关的活动，应保持实验环境安静。参加实验时应穿着实验工作服。

3. 参加实验者应先熟悉实验仪器和设备的性能及使用要点，而后使用。一旦发现仪器和设备故障或损坏，应立即向指导教师报告，以便能及时维修或更换，不可擅自拆修或调换。仪器和设备不慎损坏时，应及时向指导教师汇报情况，按章赔偿。

4. 各实验小组的实验仪器和器材各自保管使用，不得随意与他组调换挪用。如需补发增添时，应向指导教师申报，经同意后方能补领。每次实验后应清点实验器材、用品，并放回原位。经指导教师检查之后才能离开实验室。

5. 爱惜公共财物，注意节约器材，爱护实验动物，不得擅自带走实验室内物品。

6. 保持实验室的整洁卫生，不必要的物品不要带进实验室内。实验完毕后，应将实验器材、用品及实验桌凳收拾干净；实验动物尸体和废物应放到指定的地点，不得随地乱丢。实验室的清洁卫生工作应由各实验小组轮流负责打扫，以保证实验室环境整洁卫生。

第二章 动物实验的基本操作技术

第一节 药理学实验常用动物的种类及特点

一、小鼠

小鼠（mouse）属哺乳纲，啮齿目，鼠科。其特点是温顺易捉，繁殖力强，价格低廉，比较容易满足实验动物同种、纯种、性别和年龄的要求，生活条件也容易控制，因此是药理学实验最常用的动物，特别适用于需要大样本的实验，如药物筛选、药物半数致死量的测定等。小鼠对多种疾病有易感性，可以复制多种疾病的动物模型，如癌症、肉瘤、白血病、血吸虫病、败血症、癫痫、痴呆等动物模型。

二、大鼠

大鼠（rat）亦属哺乳纲，啮齿目，鼠科，受惊时有攻击性，易对实验者造成伤害，实验者在实验时应注意防护。大鼠也可用于多种实验和复制多种动物模型，如复制水肿、炎症、缺氧、休克、发热、胃溃疡、高血压以及肾衰竭等动物模型；大鼠的垂体-肾上腺功能很发达，常用来做应激反应、肾上腺及垂体等内分泌功能实验。大鼠的高级神经活动发达，因此，也广泛用于脑功能定位、神经细胞外记录等实验中。

三、家兔

家兔（rabbit）属哺乳纲，啮齿目，兔科。其特点是性情温顺，易于饲养，常用于与呼吸功能、泌尿功能、心血管功能有关的实验中，如呼吸运动的调节及呼吸衰竭的处理、血压的调节和心脏衰竭的处理等。因家兔对致热源敏感，故常用于研究解热药和检查热源。此外，因家兔耳朵较长且大，血管清晰，便于静脉注射和采血，故也广泛用于药物的血管刺激性及溶血性的研究。

四、豚鼠

豚鼠（guinea pig）又称天竺鼠、荷兰猪，属哺乳纲，啮齿目，豚鼠科。其特点是性情温顺，对组胺和结核菌敏感，常用于复制哮喘、组胺过敏、结核病模型，以研究平喘药、抗组胺药以及抗结核药的作用，也用于药物安全性实验中的全身主动过敏性实验。

五、猫

猫（cat）属哺乳纲，食肉目，猫科。与家兔相比，猫对外科手术的耐受性更强，血压相对稳定，但极具攻击性，常用于去大脑强直、下丘脑功能以及血压方面的实验。

六、犬

犬（dog）属哺乳纲，食肉目，犬科，常用于观察动物对冠状动脉血流量的影响、心肌细胞电生理研究、降压药及抗休克药的研究等；经过训练，可与人合作，十分适用于慢性实验，如条件反射实验。犬的体形大，对手术的耐受性较强，常用于其他小动物不易进行的手术，如胃、肠、膀胱、胆囊等造瘘手术以及冠状动脉结扎手术等。在进行临床前长期毒性实验中，犬是常用动物。

七、蟾蜍

蟾蜍（toad）属于两栖纲，无尾目。由于进化较低，其离体标本（如心脏、腓肠肌等）能在较长时间内保持着自律性和兴奋性，而且蟾蜍容易获得且价格便宜，故经常被用于研究药物对心脏的影响、反射弧分析以及肌肉收缩等实验中。

第二节　实验动物的选择

为了获得理想的实验结果，必须根据实验目的选择适宜的观察对象，在选择动物时，需考虑如下因素。

一、种属的选择

不同种属的动物对同一疾病病因刺激的反应程度会有很大的差异。在选择实验动物时，尽可能选择对刺激因素较为敏感且与人类接近的种属。例如，在进行发热实验时，宜首选家兔；在进行过敏反应和变态反应实验时，宜首选豚鼠；小鼠则宜用于药物半数致死量等方面的观察。

二、性别的选择

由于成年雌性动物的代谢存在着明显的性周期的变化，这些变化会影响受试动物对某些实验因素的反应状态。因而在选择实验动物时，一般多用雄性动物，但热板法镇痛实验不宜选用雄性小鼠或大鼠，药物半数致死量的测定应雌雄各半。

小鼠的性别鉴定方法较简单，通过生殖器与尾巴根部的距离长短来判断小鼠的雌雄，这是因为雄性小鼠存在睾丸，会导致生殖器距离尾巴根部的长度较长，而雌性的较短，如图2-1。一般情况下可以通过睾丸直接判断小鼠的雌雄，但有时雄性小鼠会出现睾丸内收的现象而无法观察，此时通过生殖器与尾巴根部的距离是判断雌雄的最好方式。大鼠的判断方式与小鼠一样；家兔的判断方式还需要翻开生殖器观察其形状进一步判断，生殖器为管形的则为雄兔，生殖器为"V"形的则为雌兔。

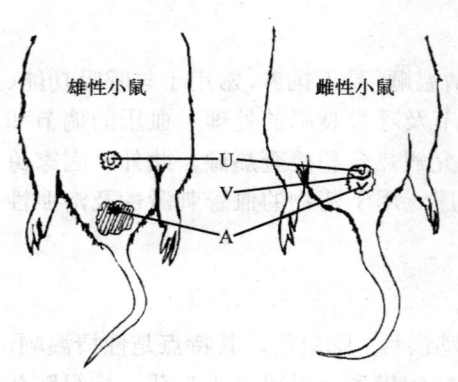

图2-1　小鼠雌雄辨别
U：尿道；V：阴道；A：肛门

三、周龄或体重的选择

一般选择成年动物，小鼠体重18～22g，大鼠体重200～250g，豚鼠体重350～450g，家兔体重2.5～3.5kg，犬体重8～20kg。但有些实验对动物体重或周龄有特殊要求，如大鼠足肿胀法的抗炎实验，宜选用120～150g的大鼠，因其对致炎剂敏感。制作大鼠脑永久性低灌注模型时，宜选用13周龄以上的大鼠，可大大降低死亡率。

四、状态的选择

实验动物对人类疾病的表达程度及对施加因素的反应情况，除了与动物自身的生理特征有关外，还受动物的状态，如是否饥饿、睡眠是否充足、是否患有其他疾病等的影响。因此，应选择健康、反应机敏以及其他各个方面条件尽量一致的动物作为观察对象。

五、实验条件的选择

由于环境因素对实验结果有着很强的干扰作用,如明、暗(即光照周期)对体内代谢就有着重要的影响。在实验时应选择与受试动物自然生活尽量一致的实验环境或人为地将实验环境控制到符合条件的程度。

第三节　实验动物的捉拿与固定

正确地捉拿与固定动物是药理学实验的基本操作之一,也是实验顺利进行的保证。掌握正确的动物捉拿与固定方法,不仅可有效防止实验者被动物咬、抓伤,也可确保动物不被过分激惹,以保证其正常的生理活动不受明显干扰,从而不致明显的影响实验结果。

一、小鼠的捉拿固定方法

捉拿小鼠时,先用右手将鼠尾抓住并提起,将小鼠放在鼠笼上或较为粗糙的台面上,在其向前爬行时或用右手向后拉尾,用左手的拇指和食指或食指第二指节抓住小鼠的两耳及头颈部皮肤,将其置于手心中,拉直四肢并用左手的无名指与小指夹紧尾部,右手即可作注射和进行其他操作(图2-2)。如果操作已熟练,也可只用左手捉拿小鼠,方法是先用左手的拇指和食指抓住小鼠的尾部中段,然后用左手的无名指和小指夹住尾的根部,并轻压向背部,用左手的拇指和食指抓住小鼠的两耳及头颈部皮肤,将其置于手心中。此种方法熟练后,比两手捉拿小鼠方便快捷,也便于右手的操作。取小鼠尾血或进行尾静脉注射时,可将小鼠固定在金属、玻璃、塑料或木制的固定器上。

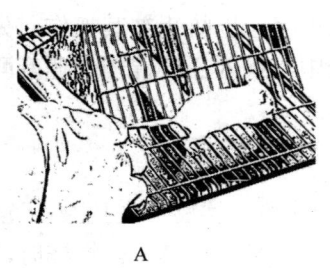 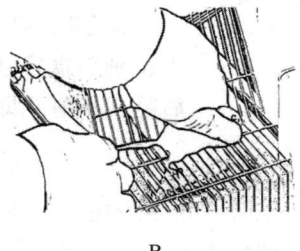 

A　　　　　　　　　B　　　　　　　　　C

图 2-2　小鼠的捉拿固定

二、大鼠的捉拿固定方法

捉拿大鼠时,实验者应注意防护,如戴帆布手套进行操作。捉拿时先用右手将鼠尾抓住并提起,放在较为粗糙的台面或鼠笼上,然后将鼠尾向后轻拉,用左手的拇指和食指抓紧两耳和头颈部皮肤,其余三指紧捏背部的皮肤,将整个大鼠固定于左手中(图2-3)。也可用左手的拇指和中指分别放到大鼠的腋下,食指放于颈部,使大鼠伸开两前肢,握住大鼠,用右手进行操作。

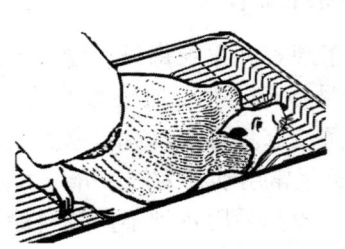 

图 2-3　大鼠的捉拿固定

三、家兔的捉拿固定方法

用右手抓家兔颈部的被毛与皮肤,用左手托住其臀部和腹部使其体重大部分集中在左手上,然后按实验要求固定(图 2-4A)。家兔的固定方式有俯卧式(图 2-4B)和仰卧式(图 2-4C)两种:做各种手术时,一般对麻醉后的家兔进行仰卧式固定,即将家兔的四肢用粗的棉线固定,头部则用家兔头固定夹固定;做耳部血管注射或取血时,可行俯卧式固定,即将家兔安放到特制的固定装置内。

 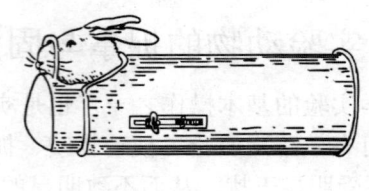 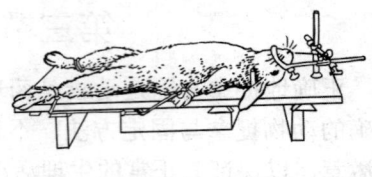

图 2-4　家兔的捉拿固定
A:家兔的捉拿;B:家兔的俯卧式固定;C:家兔的仰卧式固定

四、豚鼠的捉拿固定方法

先用手掌迅速扣住其背部,抓住其肩胛上方,将手张开,用手指握住颈部或握住身体的四周,再拿起来。怀孕或体重较大的豚鼠,应以另一只手托住其臀部。豚鼠的固定方法基本同大鼠(图 2-5)。

图 2-5　豚鼠的捉拿固定

五、猫的捉持方法

捉猫时应戴手套,以防止被其抓伤。先将猫关入特制玻璃容器中,投入乙醚棉团快速麻醉,取出后趁其未醒立即固定。

六、犬的捉持方法

犬性格凶猛,攻击性较强,故捆绑固定至少由 2 或 3 人进行。实验者先抚摸,逐步接近,勿使其惊恐或将其激怒。用粗棉绳兜住犬的下颌,并在上颌打结(勿太紧)。操作时,注意犬的动向,以防被犬咬伤,最后在犬耳根后颈项上打一个活结。如犬不合作,则先用一根特制长柄狗头夹,从后面夹住犬颈,限制犬头部活动,再按上述方法捆住犬嘴。然后将犬侧卧,一人固定其肢体,由另一人注射麻醉药。

第四节　实验动物的编号及分组

在药理学实验中为了观察并记录每只动物、各组动物的变化情况,必须在实验前预先对动物进行随机分组和编号标记。对于比较大的动物如犬、家兔等,可将号码烙在金属牌上,实验时将其固定于犬链条或家兔耳上。对于家兔还可采用化学药品涂染被毛或采用家兔耳打孔法。下面以药理学实验最常用动物为例,介绍大鼠和小鼠的编号标记方法。

大鼠和小鼠的编号一般都采用各种不同颜料涂擦被毛的方法来标记,也可用不同颜色的油性记号笔在尾部标记。常用的涂染化学品如下:

(1)涂染黄色,用 3%～5% 苦味酸溶液。

(2)涂染红色,用 0.5% 中性红或品红溶液。

(3)涂染咖啡色,用 2% 硝酸银溶液。

(4) 涂染黑色，用煤焦油的乙醇溶液。

最常用的是 3%～5% 苦味酸溶液。用毛笔或棉棒蘸取此溶液，在动物的不同部位涂上苦味酸溶液表示不同号码，如图 2-6 所示操作。一般习惯涂染在左前腿为 1，左腰部为 2，左后腿为 3，头部为 4，背部正中为 5，尾基部为 6，右前腿为 7，右腰部为 8，右后腿为 9，不涂染鼠为 10（图 2-7A）。如果实验时动物的编号超过 10，但在 10～99 之内，可在上述动物同一部位上，再涂染另一种涂染剂（如 0.5% 中性红或品红溶液）斑点，表示相应的十位数。例如，在左前腿标记红色和黄色斑点，这就表示为 11；如果红色标记在左前腿上，而黄色标记在左腰部，这就是 12（图 2-7B）。也可以用同一种颜色涂在两个部位来标记 10 以上的记号，如左前腿和左后腿都标记苦味酸溶液，表示 13 号（图 2-7C），以此类推。

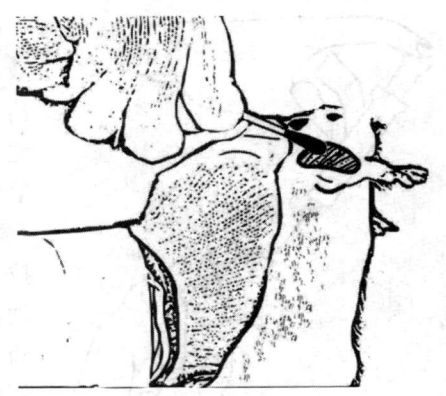

图 2-6　动物标记

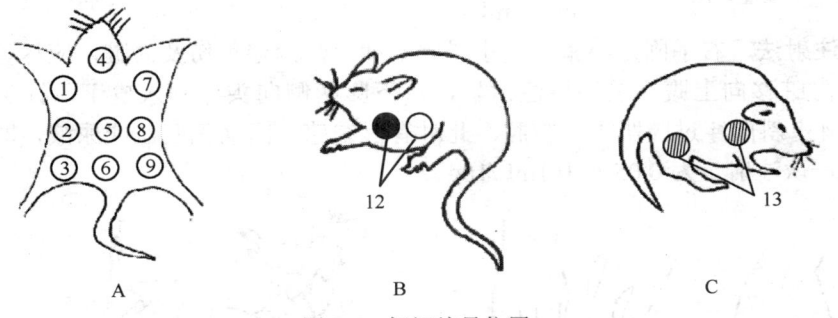

图 2-7　标记编号位置

●：红色；○：黄色；◉：苦味酸溶液标记

上述苦味酸溶液等颜料标记的优点是持续时间比较长，一个月左右也不会褪色，对于慢性实验尤其适合。如果是急性实验，或饲养小鼠时间在一周之内，可用油性记号笔在尾部不同位置标记，如图 2-8 所示。

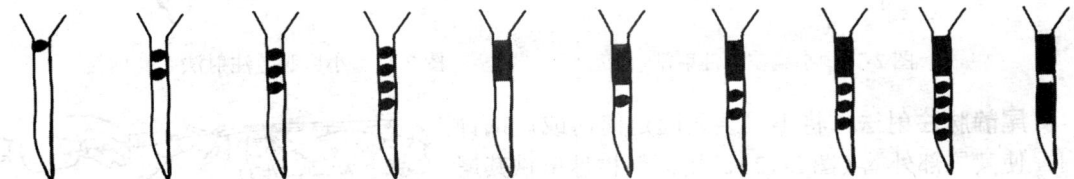

图 2-8　尾部标记法

标记要有记录，做到实验者心中有数，以免时间长忘记标记情况。

第五节　实验动物的给药方法

一、小鼠的给药方法

1. 灌胃法　操作时左手固定小鼠，右手持灌胃器（1～2mL 注射器上连接玻璃或金属制的灌胃管，灌胃管长 4～5cm，直径约 1mm），将灌胃针从小鼠的右 U 角中，插入口中，沿咽后壁慢慢插入食管，当插进 2～3cm 时，灌胃管的前端到达膈肌位置，灌胃针插入时应无阻力，如有阻力或小鼠挣扎则应退针或将针拔出，以免损伤、穿破食管或误入气管（图 2-9）。

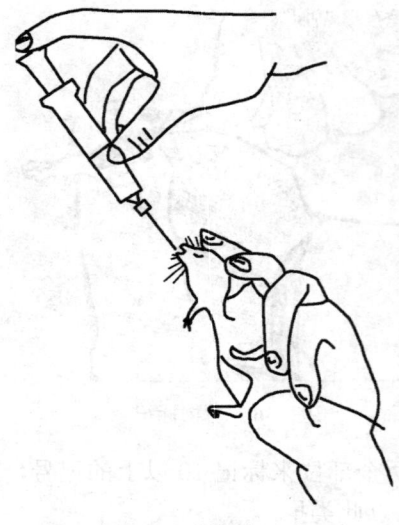

一般在此位置推注药液即可，此时小鼠呼吸无异常，可将药液注入；如遇阻力应抽出灌胃管重新插入；若误插入气管注药可引起小鼠立即死亡。推注药液后轻轻拉出灌胃管。一次灌注量为 0.1～0.3mL/10g。操作时切忌粗暴，以防损伤小鼠食管及膈肌。

2. 皮下注射法 注射部位可选颈背部皮下。操作时轻轻拉起小鼠背部皮肤，将注射针注入皮下（图 2-10），稍稍摆动针头，若容易摆动则表明针尖的位置确在皮下，此时注入药液。一次注射量为 0.1～0.3mL/10g。拔针时，轻捏针刺部位片刻，以防药液逸出。

3. 肌内注射法 小鼠固定如上述。将注射器的针头刺入小鼠大腿外侧肌肉，注射时针头宜斜刺迅速入肌肉，回抽针如无回血，即可注射药液。一次注射量一般为每鼠每腿不超过 0.1mL。

图 2-9 小鼠灌胃法

4. 腹腔注射法 右手固定小鼠，使小鼠腹部朝上，为避免伤及内脏，应尽量使小鼠头处于低位，使内脏移向上腹。左手持注射器，从下腹两侧向头方刺入皮下，针头稍向前，再将注射器沿 45°斜向穿过腹肌进入腹腔，此时有落空感，回抽无回血或尿液，即可注入药液（图 2-11）。一次注射量为 0.05～0.1mL/10g。

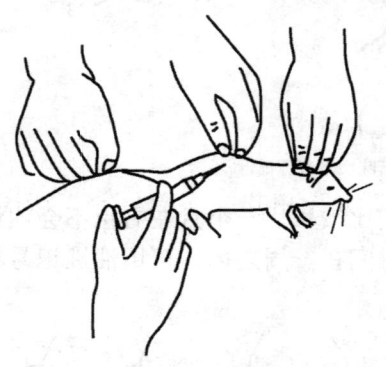

图 2-10 小鼠皮下注射法

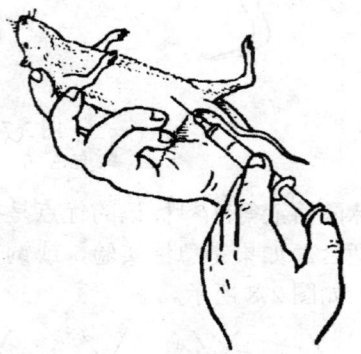

图 2-11 小鼠腹腔注射法

5. 尾静脉注射法 将小鼠装入固定筒内或玻璃钟罩内，使其尾部外露（图 2-12）。用酒精棉球擦拭其尾部，使其血管充血和表皮角质软化。以拇指和食指捏住尾根部的两侧，阻断其静脉回流，使其尾静脉充盈明显。以无名指和小指夹住尾尖，用中指托起尾巴，使之固定。用 4 号针头选其一侧尾静脉穿刺。如针头确在血管内，则推注药液无阻力，否则皮肤隆起发白，阻力增大，此时可退回针头重新穿刺。注射完毕后，把尾部向注射侧弯曲，或拔针后随即以干棉球按住注射部位以止血。需反复静脉注射时，宜从尾端开始，逐渐向尾根部移动。一次注射量为 0.05～0.25mL/10g。

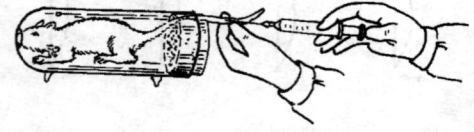

图 2-12 小鼠尾静脉注射

二、大鼠的给药方法

1. 灌胃法 大鼠的灌胃法与小鼠相似。其灌胃管（安装在 5mL 注射器上的金属灌胃管）

长 6～8cm，直径 1.2mm，尖端呈球状。一次给药量为 1～2mL/100g。

2. 腹腔注射法 同小鼠腹腔注射法，一次注射量为 1～2mL/100g。

3. 皮下注射法 注射部位为背部或大腿外侧皮下。操作时，轻轻拉起注射部位皮肤，将注射针刺入注射部位皮下。一次注射量为 1mL/100g。

4. 肌内注射法 大鼠的肌内注射固定需要两人合作。将注射器的针头刺入大鼠臀部外侧肌肉，注射时针头宜斜刺迅速入肌肉，回抽针栓如无回血，即可注射药液。一次注射量一般为每鼠每腿不超过 0.5mL（图 2-13）。

5. 静脉注射法 麻醉大鼠可从舌下静脉给药。清醒大鼠可从尾静脉给药。与小鼠同理，将大鼠置于大鼠固定器内，而将鼠尾留在固定器外，以供实验操作。尾静脉注射时，用酒精

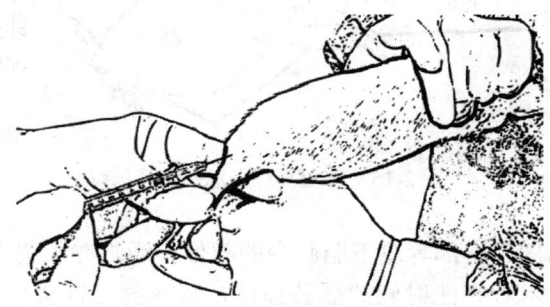

图 2-13 大鼠肌内注射

棉球擦拭鼠尾或用 40～50℃温水浸泡尾部，使尾静脉扩张充盈，易于穿刺。一次注射量为 0.5～1mL/100g。

三、家兔的给药方法

1. 灌胃法 可两人合作进行。助手坐好，将家兔的躯体夹于两腿之间，左手抓住双耳，固定其头部，右手握住其两前肢。术者将木制开口器横放于家兔上、下门齿之间，将家兔舌压在开口器下面。此时助手用双手固定开口器。术者将灌胃管（常用导尿管代替）经开口器中央小孔慢慢沿上腭壁插入食管 15～18cm（图 2-14A）。为避免误入气管，插入后应检查灌胃管是否确实插入食管，将灌胃管的外口放入一盛水的烧杯中，确认无气泡或管中液面不随呼吸而上下波动，则可用注射器将药液灌入，并以少量清水冲洗灌胃管。若家兔挣扎剧烈，应拔出灌胃管重新插入。灌胃完毕后，先拔出灌胃管，再拿出开口器。如用家兔固定箱，可一人操作（图 2-14B）。

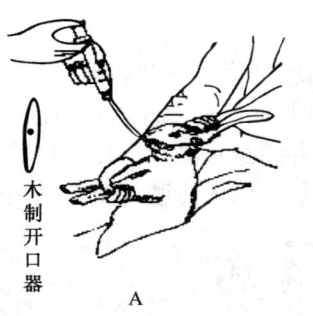 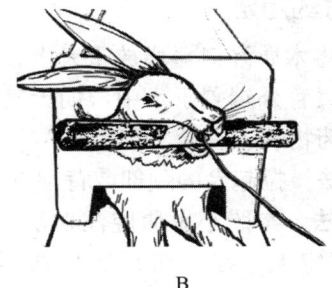

图 2-14 家兔灌胃
A：两人合作家兔灌胃；B：家兔固定箱固定灌胃

2. 腹腔注射法 参照小鼠腹腔注射法，但需要两人合作固定家兔，注射位置为家兔下腹部近腹白线两侧 1cm 处。

3. 静脉注射法 静脉注射一般采用耳缘静脉（家兔耳外缘的血管为静脉，耳中央血管为动脉）。将家兔放入固定盒内，拔去耳外缘部位的兔毛，用酒精棉球涂擦静脉部位皮肤，使静脉充盈。以左手拇指和中指捏住家兔耳尖，食指放在注射部位下将家兔耳垫起，右手持注射器，尽量从血管远端刺入血管（不一定有回血）。注射时针头先刺入皮下，沿皮下向前推进

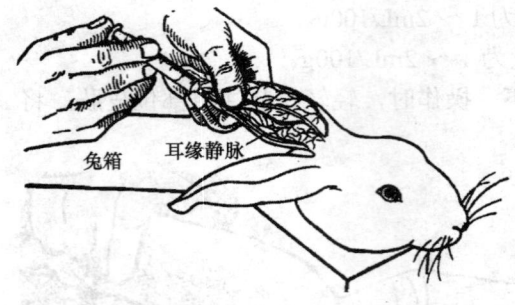

图 2-15 家兔耳缘静脉注射

少许，然后刺入血管（图 2-15）。针头刺入血管后再稍向前推进，轻轻推动针栓，若无阻力和有局部皮肤发白、隆起现象，即可注药；若推药有阻力或发现皮肤发白隆起，表示针头在血管外，这时应将针头稍退回，再重新穿刺血管，注射完毕后，用干棉球压住针眼，拔去针头。

四、豚鼠的给药方法

1. 灌胃法 可参照小鼠和大鼠灌胃法进行。

2. 皮下注射法 注射可选用豚鼠大腿内侧、背部、肩部等皮下脂肪少的部位，通常在大腿内侧注射。操作时，助手把豚鼠固定在操作台上，术者将注射侧的后肢握住，将注射器针头与皮肤呈 45° 刺入皮下。确定针头在皮下后，注入药液。注射完毕后以指压刺入部位片刻，以防药液漏出。

3. 腹腔注射法 同小鼠腹腔注射法。

4. 静脉注射法 注射部位可选用前肢皮下头静脉、后肢小隐静脉、耳壳静脉。一般前肢皮下头静脉较易穿刺成功；后肢小隐静脉上部明显可见，故也较容易穿刺成功；也可在颈前部将皮肤切一小口，暴露颈前静脉，然后直接穿刺血管。一次注射量 ≤ 2mL。

五、猫的给药方法

1. 灌胃法 猫轻度麻醉，把灌胃管从鼻腔或口腔插入食管内给药。

2. 皮下注射法 猫注射于臀部皮下，注射针刺入皮肤与肌肉之间给药。

3. 腹腔注射法 参照小鼠腹腔注射法，但注意在腹白线两侧注射，离腹白线 1cm 处进针。

4. 静脉注射法 猫装于固定带或笼内，取出前肢，术者紧握其肘关节上部，并用乳胶管扎紧，使猫皮下头静脉充血，局部去毛消毒，术者右手持注射器从肢体末端朝向心端穿刺，证实针头在静脉内之后放松猫肘关节或松开乳胶管，可缓慢注射药液。

六、犬的给药方法

1. 灌胃法 将木质开口器横放于犬上、下门齿间固定，经开口器之小孔插入灌胃管向前推入食管。将灌胃管外端置于水中，如无气泡逸出即可将药液注入，再注入少量清水冲洗残留药液。也可将药物装入胶囊，直接放入犬口中，并给少量清水，使其自然吞咽。

2. 皮下注射法 拉起犬的颈部或背部皮肤，注射针刺入皮肤与肌肉之间给药（图 2-16）。

3. 腹腔注射法 参照小鼠腹腔注射法，但需要助手合作固定犬，在犬脐后腹白线两侧 1～2cm 处进行腹腔注射。

4. 静脉注射法 对未经麻醉的犬，可选用前肢皮下头静脉或后肢小隐静脉注射。操作时，先将注射部位被毛剪去。在静脉血管的近心端，用乳胶管扎紧肢体，使血管充盈，注射器针头向静脉血管的近心端方向穿刺。回抽注射器针栓，如有回血，则证明针尖在血管内，即可推注药液。对已麻醉的犬，可选择两侧腹股沟部，从股静脉直接注射给药。

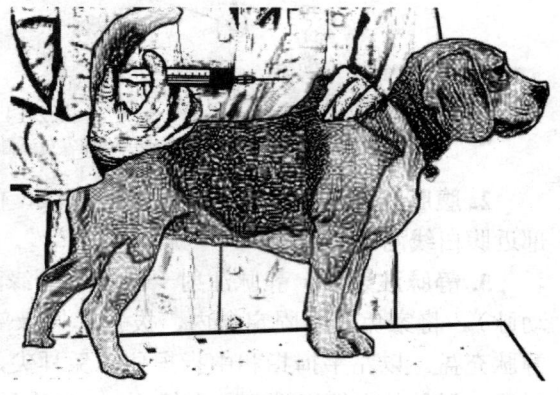

图 2-16 犬皮下注射

七、注意事项

1. 捉拿动物时既要大胆果断,也要小心谨慎,动作应尽量轻柔,切忌粗暴。

2. 捉拿大鼠,尤其是已经受到激惹的大鼠时,一定要注意防护,以免被其咬伤。若不慎被动物咬伤或抓伤,应对伤口进行妥善处理。

3. 捉拿动物时一定要按规范进行,否则容易对动物造成损伤。例如,对于家兔采用抓双耳或抓取腹部的方法是错误的。

4. 不可玩耍动物或使动物逃跑。

第六节 实验动物给药剂量的确定与计算

一、给药剂量的确定

药物的药理作用都是在一定剂量范围内产生的,如果剂量设计不当,有可能得出药物无效的结论,而实际上,药物可能有效,只是没有找到合适的剂量范围。进行实验设计时,经常会遇到如何确定药物剂量的问题。药物对于某种动物的适当剂量不能凭空推算。首先应该查阅该药的有关文献,了解前人的经验。如能查到用于同一目的的实验,且给相同种类动物用药的剂量,那就可以直接应用;有时查不到用于同一目的实验的剂量,但能查到给相同种类动物相同给药途径的不同用药目的的剂量,也可以按照此文献剂量进行预实验;如在文献中查不到治疗剂量,但若知道 LD_{50}(半数致死量),也可先用 $1/10 \sim 1/3\ LD_{50}$ 来进行实验,最终找出有效剂量范围。

如果查不到待试动物的用药剂量,但知道其他动物或人用药剂量,可通过换算得到所需动物的用药剂量。不同种类动物间单位用药剂量一般按单位体重所占体表面积的比值得出的换算系数进行换算(表2-1)。

表 2-1 标准体重不同动物间单位用药剂量(mg/kg)换算表

动物品种	小鼠 b(0.02kg)	大鼠 b(0.15kg)	豚鼠 b(0.4kg)	家兔 b(1.8kg)	猫 b(2.5kg)	犬 b(10kg)	人 b(60kg)
小鼠 a(0.02kg)	1	0.5	0.375	0.25	0.24	0.15	0.081
大鼠 a(0.15kg)	2	1	0.75	0.5	0.48	0.3	0.162
豚鼠 a(0.4kg)	2.67	1.33	1	0.667	0.64	0.4	0.216
家兔 a(1.8kg)	4	2	1.5	1	0.96	0.6	0.324
猫 a(2.5kg)	4.17	2.08	1.56	1.04	1	0.625	0.338
犬 a(10kg)	6.67	3.33	2.5	1.67	1.6	1	0.541
人 a(60kg)	12.33	6.17	4.63	3.08	2.96	1.85	1

注:表中数值为换算系数(R_{ab})

例:某降压药,大鼠(标准体重)灌胃给药时的剂量为200mg/kg,请粗略估计犬(标准体重)灌胃给药时的剂量。根据表2-1进行计算,大鼠a行,犬b列的 R_{ab} 为0.3。犬的用药剂量应是 $=200 \times 0.3 = 60$ mg/kg。

上述不同种类动物间单位用药剂量的换算法只能提供一个粗略的参考值。究竟是否有效,只有通过预实验才能了解。

二、药物浓度的计算

一定容积的溶液中所含溶质的量称为溶液浓度。常用的浓度表示方法有如下几种。

1. 百分浓度 包括质量百分浓度、质量-体积百分浓度及体积-体积百分浓度。

（1）质量百分浓度：指溶液的浓度用溶质的质量占全部溶液质量的百分比来表示。例如，5%的葡萄糖溶液即100g的溶液里，含有5g的葡萄糖和95g的氯化钠溶液。其计算公式为

$$质量百分浓度 = \frac{溶质的质量}{溶质的质量 + 溶剂的质量} \times 100\%$$

（2）质量-体积百分浓度：每100mL溶液中所含溶质的克数，用百分比来表示。例如，20%戊巴比妥钠溶液，即指100mL溶液中有戊巴比妥钠20g。其计算公式为

$$质量\text{-}体积百分浓度(\%) = \frac{溶质的质量(g)}{溶液的体积(mL)} \times 100\%$$

（3）体积-体积百分浓度：100mL溶液中所含溶质的毫升数，用百分比来表示。如消毒用酒精的浓度为75%，这表示在100mL溶液中含有纯乙醇溶液75mL。其计算公式为

$$体积\text{-}体积百分浓度(\%) = \frac{溶剂的体积(mL)}{溶液的体积(mL)} \times 100\%$$

2. 比例浓度 药典中常见的比例浓度符号为 $1:X$，即指1g固体或1mL液体溶质加溶剂配成 X mL的溶液，叫作比例浓度。如不特别指定溶剂种类时，都是以蒸馏水为溶剂。例如，碳酸氢钠20g配成400mL溶液的比例浓度 $=1:\frac{400}{20}=1:20$。

3. 摩尔浓度 以1L溶液中所含溶质的摩尔数来表示溶液的浓度，叫作摩尔浓度，单位用mol/L表示。

第七节 实验动物的麻醉方法

一、麻醉药的选择原则

在对动物进行手术之前，需将动物麻醉。由于不同种属动物对同一种麻醉药的敏感性不同，而且各种麻醉药对动物的生理功能的影响和麻醉的时间也存在着差异。因此，根据实验的要求与动物种类的不同，选择适当的麻醉药对于保证实验的顺利进行和获得正确的实验结果是十分重要的。

理想的麻醉药应具备以下三个条件：①麻醉效果好，使动物无痛，麻醉时间能满足实验要求；②对动物的副作用和对所要观察的指标影响最小；③使用方便。

二、几种常用的麻醉药及其使用方法

在药理学教学实验中，常用的麻醉药物有氨基甲酸乙酯、巴比妥、氯醛糖、乙醚。

1. 氨基甲酸乙酯 也称乌拉坦（urethane），多数动物实验都可使用，但常用于小动物的麻醉。猫和家兔可采用静脉注射、腹腔注射或直肠灌注等多种途径给药。其优点是价格低廉，使用简便，易溶于水，且麻醉过程较平稳，动物无明显挣扎现象；缺点是苏醒慢，麻醉深度较难掌握。使用时可配制成浓度10%～25%的溶液。猫的给药剂量为1.25～1.5g/kg，大鼠和家兔的给药剂量为0.75～1g/kg，犬为1g/kg，蛙类为2g/kg，鸟类为1.25g/kg。

2. 巴比妥类 常用的有戊巴比妥钠（sodium pentobarbital）和硫喷妥钠（thiopental）两种。

（1）戊巴比妥纳：为白色粉末，用时配成2%的水溶液，经静脉或腹腔注射给药。动物麻醉后，常因麻醉药的作用及肌肉松弛和皮肤血管扩张，致使体温缓慢下降，故应设法保温。一次给药的麻醉时间为3～5小时，不同动物的使用剂量见表2-2。

表 2-2　不同动物戊巴比妥钠的麻醉剂量

动物	犬	猫	家兔	小鼠	大鼠
使用剂量（mg/kg）	25～35	40	35	15～60	30～50

（2）硫喷妥钠：为浅黄色粉末，其水溶液不稳定，故须在临用前配制，常用浓度为2.5%～3%，经静脉注射给药。一次给药的麻醉时效仅为0.5～1小时，故在时间较长的实验中需重复给药，以维持一定的麻醉深度，不同动物的使用剂量见表2-3。

表 2-3　不同动物硫喷妥钠的麻醉剂量

动物	犬	猫	家兔	小鼠	大鼠
使用剂量（mg/kg）	20～30	20	25～50	25～50	20～40

3. 氯醛糖　本药溶解度较小，常配制成1%的水溶液；使用前须先在水浴中加热，促进其溶解，但加热温度不宜过高以免降低药效。其用量为80～100mg/kg，经静脉或腹腔注射给药。

4. 乙醚　乙醚是吸入性麻醉药之一，可用于各种动物，尤其适用于短时间的手术或操作。在用乙醚麻醉小动物时，可将动物放入密闭的玻璃缸中，再将浸乙醚的纱布或脱脂棉放入玻璃缸中，待动物倒下后数分钟即可将动物取出，进行手术等操作。麻醉时间不可过长，以免过量致死。用乙醚麻醉犬时，可根据犬的大小选择合适的麻醉口罩，放入浸润乙醚的纱布。动物吸入乙醚后，常先有一个兴奋期，开始挣扎，同时呼吸变得不规则，此时应立即移开口罩，待动物呼吸恢复后，再继续吸入乙醚麻醉。度过兴奋期后，麻醉将逐渐加深，动物呼吸也趋平稳，肌张力逐渐降低，瞳孔缩小。如角膜反射消失，则表示麻醉较深。乙醚的优点是动物麻醉深度较易掌握，比较安全，术后动物苏醒较快；缺点是麻醉初期有兴奋现象，且乙醚可刺激呼吸道，促进黏液分泌增加，易阻塞呼吸道而发生窒息，可于麻醉前皮下注射阿托品0.1～0.3mg/kg，以对抗乙醚刺激呼吸道分泌黏液的作用。

三、使用麻醉药的注意事项

1. 不同动物个体对麻醉药的耐受性是不同的。因此，在麻醉过程中，除参照上述的一般用量标准外，必须密切注意观察动物的状态，以决定麻醉药的用量。静脉麻醉时，注射速度应当缓慢。动物达到最佳麻醉效果的表现是：皮肤夹捏反射消失，肢体肌肉松弛，呼吸节律变得深慢而平稳，角膜反射迟钝，肢体呈自然倒下。

2. 麻醉过量时，应根据动物的表现而采取不同的处理办法：若动物呼吸极慢且不规则，但血压或脉搏仍属正常时，可行人工呼吸和注射苏醒剂；若动物呼吸停止，血压下降，舌头开始由红变紫，但仍有心跳时，可进行人工呼吸，同时静脉注射适量温热的50%葡萄糖溶液、1∶10 000的肾上腺素溶液以及苏醒剂。常用的苏醒剂有咖啡因（1mg/kg）、尼可刹米（2～5mg/kg）和山梗菜碱（0.3～1mg/kg）等，使用时可通过肌内注射或静脉给药。

3. 如动物麻醉过浅，可临时补充麻醉药，但一次补药剂量不宜超过总量的1/5。

第八节　实验动物被毛的去除方法

动物的被毛有时能影响实验操作和观察结果，因此常需去除或剪短动物的被毛。除毛的方法有剪毛、拔毛和脱毛三种。

1. 剪毛　一些对无菌条件要求不十分严格的手术前以及给犬等大动物静脉注射之前等许

多情况，都需要用弯剪刀剪去切口部位的被毛。剪毛时要把剪刀贴近皮肤，不能用手提起被毛，以免剪破犬的皮肤。

2. 拔毛 给家兔耳缘静脉注射或取血时，应将局部被毛拔除，以便于操作。另外，拔除被毛时会刺激耳缘静脉而使其更加充盈。

3. 脱毛 脱毛系指用化学品脱去动物的被毛，适用于无菌手术术野的准备、观察动物局部皮肤血液循环和病理变化以及贴剂等皮肤给药。常用的脱毛剂有以下三种：

（1）硫化钠3g、肥皂粉1g、淀粉7g，加水适量调成糊状；

（2）淀粉7g、糖4g、甘油5g、硼砂1g，加水75mL；

（3）硫化钠8g，溶于100mL水中。

以上脱毛剂配方可用于家兔、大鼠和小鼠等动物。

第九节 实验动物采血法

一、小鼠、大鼠取血法

1. 剪尾取血 将清醒的鼠放入深色的布袋中，布袋将鼠身裹紧，露出尾巴，先用手触摸尾巴尖部感受鼠尾体温，如果是冬天还需进一步提高温度（室温20℃），稍停片刻，剪开尾巴尖端，静脉血流出，用手轻轻从尾根部向尾尖挤捏，可以取到一定量的血。取血后，用干棉球压迫止血，并立即用6%火棉胶涂于伤口处，使伤口外结一层薄膜。

2. 眼球后静脉丛取血 眼球后取血常用自制采血器，即采用胶头与毛细管（管长7～10cm，内径0.1～0.5mm，尖端磨成45°斜口）连接，取血时，右手持鼠，拇指与食指抓住颈部皮肤，且按压其头部向下，阻止静脉血回流，使眼球后静脉丛充血，眼球向外突出，左手持1%肝素溶液浸泡过的自制采血器，捏住胶头从内眦部刺入，沿内下眼眶壁，向眼球后推进4～6mm旋转吸血针，微微松开捏住的胶头，血液自动进入采血毛细管，拔出采血针，放松手压力，出血可自然停止，必要时可以在同一穿孔处重复取血（图2-17）。

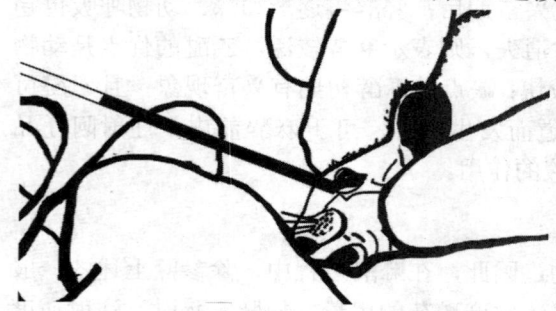

图2-17 小鼠、大鼠眼球后静脉丛取血

3. 眼眶取血 左手持鼠，拇指与食指捏紧头颈部皮肤，使鼠眼球突出，右手持弯曲镊子或止血钳，钳夹一侧眼球部，将眼球摘除，鼠倒置，头部向下，此时眼眶很快流血，将血滴入预先加有抗凝剂的玻璃管，直至流血停止。此法由于取血过程动物未死，心脏不断搏动，一般可取鼠体重4%～5%的血液量，是一种较好的取血方法，但只适用一次性取血（图2-18）。

4. 心脏取血 动物仰卧，固定于鼠固定器上，用剪刀将心前区的被毛减去，用碘酒、75%乙醇溶液对此处皮肤进行消毒，左侧第3～4肋，用左手食指摸到心脏搏动处，右手持连有4号或5号针头注射器，选择心脏搏动最强处穿刺，当针头正确刺到心脏时，鼠血液由于心脏搏动的力量，可自然进入注射器，即

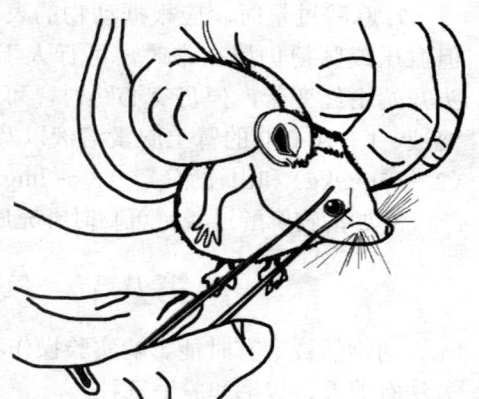

图2-18 小鼠、大鼠眼眶取血

可完成取血（图2-19）。

5. 断头取血 实验者戴上棉手套，用左手抓紧鼠颈部位，右手持剪刀，从鼠颈部剪掉鼠头，迅速将鼠颈端向下，对准备有抗凝剂的试管，收集从颈部流出的血液，小鼠可取血0.8～1.2mL，大鼠可取血5～10mL。

6. 颈动、静脉/股动、静脉取血 将麻醉动物背位固定，一侧颈部或腹股沟部去毛，切开皮肤，分离出静脉或动脉，注射针沿动、静脉走向刺入血管。20g小鼠可抽血0.6mL，300g大鼠可抽血8mL。也可把颈静脉或颈动脉用镊子挑起剪断，用试管取血或用注射器抽血，股静脉连续多次取血时，穿刺部位应尽量靠近股静脉远心端。

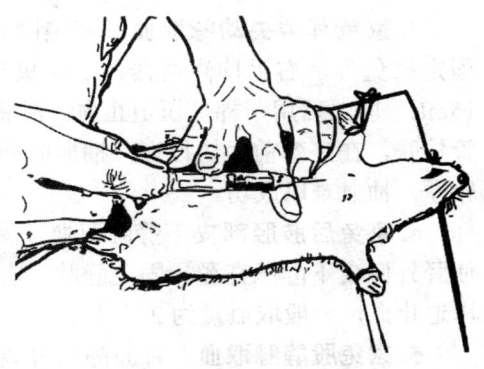

图2-19 小鼠、大鼠心脏取血

二、豚鼠取血法

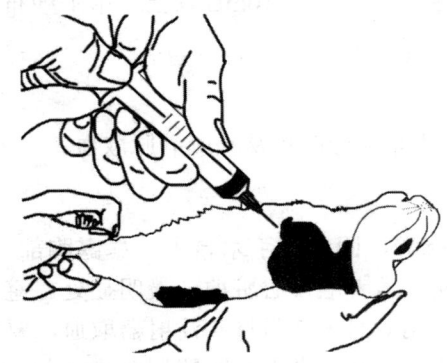

图2-20 豚鼠心脏取血

1. 豚鼠心脏取血 需两人协作进行，助手以两手将豚鼠固定，腹部面向上，术者用左手在胸骨左侧触摸到心脏搏动处，一般在第4～6肋，选择心脏搏动最明显部位进针穿刺。针头进入心脏，则血液随心脏搏动进入注射器，取血应快速，以防在试管内凝血。如确定针头已进入心脏，但未出血时，可将针头慢慢退出一点，即可看到血液进入注射器。失败时，应拔出针头重新操作，切忌针头在胸腔内左右摆动，以防损伤心脏和肺，导致豚鼠死亡。此法取血量大，可反复采血（图2-20）。

2. 豚鼠背中足静脉取血 助手固定豚鼠，将其左或右肢膝关节伸直提到术者面前，术者将豚鼠脚背用75%乙醇溶液消毒，找出背中足静脉，以左手的拇指和食指拉住豚鼠的趾端，右手拿注射针刺入静脉，拔针后立即出血，呈半球状隆起，术者用纱布或棉花压迫止血。此法可反复取血，两后肢交替使用。

3. 豚鼠眼眶取血 可参考鼠取血方法。

三、家兔取血法

1. 家兔心脏取血 将家兔仰卧在兔板上，剪去心前区被毛，用碘酒、75%乙醇溶液消毒皮肤，用左手触摸胸骨左缘第3～4肋间隙，选择心脏搏动最明显处作穿刺点，右手持注射器，将针头插入胸腔，通过针头感到心脏搏动时，再将针头刺进心脏，然后抽出血液。

2. 家兔耳缘静脉取血 选好耳缘静脉，拔去被毛，用二甲苯或75%乙醇溶液涂擦局部皮肤，小血管夹子夹紧耳根部，使静脉血管充血扩张，术者持粗针头从耳尖部的血管逆回流方向刺入静脉取血（图2-21），或用刀片切开静脉，血液自动流出，取血前耳缘部涂擦液体石蜡，可防止血液凝固。

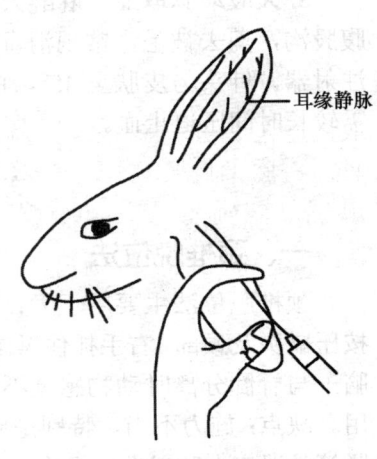

图2-21 家兔耳缘静脉取血

3. 家兔耳中央动脉取血 家兔固定在兔箱内，用手揉擦耳部，使中央动脉扩张。左手固定家兔耳，右手持注射器，于中央动脉末端进针，向心脏方向刺入动脉。一次取血量为15mL，取血后用干棉球压迫止血。注意家兔中央动脉易发生痉挛性收缩，抽血前要充分使血管扩张，在痉挛前尽快抽血，抽血时间不宜过长。中央动脉末端抽血比较容易，耳根部组织较厚，抽血难以成功。

4. 家兔后肢胫部皮下静脉取血 家兔固定于兔板上，剪去胫部被毛，股部扎上止血带，使胫外侧皮下静脉充盈。固定静脉，右手持注射器，针头与静脉走向平行，取血后要长时间压迫止血，一般取血量为2～5mL。

5. 家兔股静脉取血 行股静脉分离手术，注射器平行于血管，从股静脉下端向向心方向刺入，徐徐抽动针栓即可取血。抽血完毕后，要注意止血。股静脉易止血，用纱布轻压取血部位即可，若连续多次取血，取血部位应尽量选择离心端。

6. 家兔颈静脉取血 将家兔固定于兔箱中，倒置使头朝下，在颈部上1/3的静脉部位剪去被毛，用碘酒、75%乙醇溶液消毒，剪开一个小口，暴露颈静脉，注射器向向心端刺入血管即可取血。此处血管较粗，很容易取血，取血量也较多，一次可取10mL以上，用干纱布或干棉球压迫取血部位止血。

四、猫取血法

从猫前肢皮下头静脉、后肢静脉、耳缘静脉取血，需大量血液时可从猫颈静脉取血。

五、犬取血法

1. 犬心脏取血 犬心脏取血方法与家兔相似。将犬麻醉，固定于手术台上，暴露胸部，剪去左侧3～5肋被毛，用碘酒、75%乙醇溶液消毒皮肤。术者触摸心脏搏动最明显处，避开肋骨进针，一般在胸骨左缘外1cm第4肋间处可触到，用6号或7号针头注射器取血，要垂直向背部方向进针，当针头接触到心脏时，即有搏动感觉。针头进入心腔即有血液进入注射器。此法一次可采血20mL左右。

2. 犬颈静脉取血 犬以侧位固定于犬手术台上，剪去颈部被毛，常规消毒。助手拉直其颈部，使其头尽量仰。术者左手拇指压住颈静脉入胸腔处，使颈静脉曲张。右手持注射器，针头与血管平行，从远心端向向心端刺入血管，颈静脉在皮下易滑动，穿刺时要拉紧皮肤，固定好血管，取血后用干棉球止血。

3. 犬股动脉取血 麻醉犬或清醒犬背位固定于手术台上，助手将犬后肢向外拉直，暴露腹股沟，剪去被毛，常规消毒，并用左手食指、中指触摸脉搏部位，并固定好血管，右手持注射器，针头与皮肤呈45°，由动脉搏动最明显处直接刺入血管，抽取所需血液量，取血后，需较长时间压迫止血。

第十节 实验动物处死方法

一、颈椎脱位法

颈椎脱位法主要用于大、小鼠等小型啮齿类动物。其方法是用左手拇指、食指用力向下按压鼠头及颈部，右手抓住鼠尾根部用力拉向后上方，造成颈椎脱白，脊髓与脑干断离。优点：脑干与脊髓分离时动物感觉不到痛的刺激，只破坏脊髓，体内脏器完整无损，适于采样时使用。缺点：施力不当，特别是施力不够时，动物不能立即死亡，会造成动物疼痛以及肺、脾、肾等脏器充血和淤血，操作方法见图2-22。

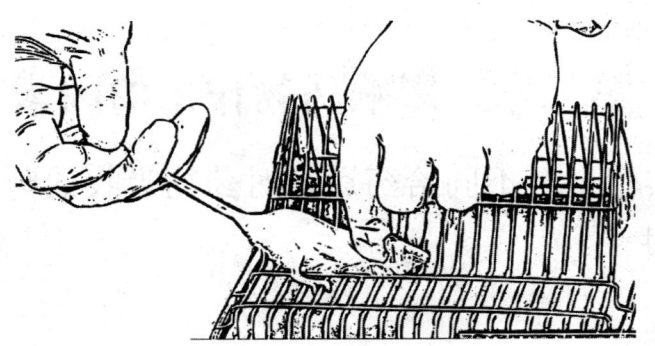

图 2-22 颈椎脱位法处死小鼠

二、空气栓塞法

术者用 50mL 注射器，向静脉血管迅速注入空气，气体栓塞心腔和大血管使动物死亡，家兔和猫致死的空气量为 10～20mL，犬为 70～150mL。优点：操作简便。缺点：会造成动物抽搐、角弓反张，发出痛苦呻吟；只能用于深度麻醉的动物，不宜单独使用。

三、放血法

犬、猪等大型动物主要进行颈总动脉、股动脉放血，小鼠、大鼠等小型啮齿类动物主要进行腹主动脉放血。对于犬、猪等大型动物，麻醉后暴露股三角区，横切，将股动脉、股静脉全切断，让血液流出，同时用水不断冲洗切口及血液，避免凝血，从而使动物大量出血死亡。优点：对脏器无损伤，对活杀采集病理切片标本是一种较好的方法。缺点：需技术熟练的人员来操作，即便如此，动物仍会受到很大的痛苦，仅适用于麻醉状态下的动物；易造成动物脏器贫血，影响脏器称重。

第三章 影响药物作用的因素

实验一 不同给药途径对药物吸收的影响

一、实验学时
4 课时。

二、实验目的
观察不同给药途径对戊巴比妥钠吸收快慢和作用强弱的影响。

三、实验原理
1. 影响吸收的因素 斐克扩散定律。

$$通透量（单位时间分子数）= \frac{(C_1-C_2) \times 面积 \times 通透系数}{厚度}$$

C_1 以及 C_2 分别为膜两侧药物浓度。

2. 给药途径对吸收的影响 给药途径的不同可以直接影响药物吸收的快慢和作用的强弱。静脉注射发挥药效最快，因为不存在吸收的问题。腹腔注射药物吸收快于皮下注射，而皮下注射药物吸收又快于口服给药。

四、实验耗材
1. 器材 电子秤、注射器（1mL）、灌胃针头等。
2. 药品 2.5g/L 戊巴比妥钠溶液，4% 苦味酸溶液（标记用）。
3. 动物 6 只小鼠，体重 18～22g。

五、实验内容
1. 分组 将 6 只小鼠随机分为灌胃（p.o.）组、皮下注射（s.c.）组、腹腔注射（i.p.）组，每组各 2 只小鼠，并予 4% 苦味酸溶液标记。
2. 给药 3 组小鼠通过不同的给药途径（灌胃、皮下注射、腹腔注射）均按照 0.2mL/10g 的注射容积给予 2.5g/L 戊巴比妥钠溶液。
3. 观察并记录 即睡眠潜伏期（小鼠从清醒到翻正反射消失的时间）及戊巴比妥钠作用的时间（小鼠翻正反射恢复的时间）。
4. 结果统计 将实验结果记录于表 3-1 中并进行统计处理。

表 3-1 不同给药途径对药物吸收的影响

分组	动物编号	性别	体重（g）	给药容积（mL）	给药时间	翻正反射消失的时间	翻正反射恢复的时间	潜伏期（min）	睡眠持续时间（min）
p.o.									
s.c.									
i.p.									

六、注意事项
1. 正常动物睡眠时可保持站立姿势，如将其推倒或呈被位仰卧，动物将立即翻正过来，这种反射称为翻正反射。

2. 中枢抑制的动物表现蜷缩少动、闭目静卧、翻正反射消失和呼吸停止，分别代表药物的镇静、催眠、麻醉和呼吸麻痹 4 种作用。

七、思考题

不同给药途径对药物的起效时间、作用维持时间的影响是什么？为什么会有这样的影响？这对临床有何指导意义？

实验二　不同酸碱度对药物吸收的影响

一、实验学时

2 课时。

二、实验目的

以不同酸碱值（pH）的士的宁溶液灌胃后，通过药理作用出现快慢进行比较，了解溶液 pH 对弱酸性、弱碱性药物透过生物膜速率的影响。

三、实验原理

1. 影响吸收的因素　斐克扩散定律。

2. 酸碱度对吸收的影响　士的宁为兴奋脊髓的中枢兴奋药物，是一种生物碱，属于弱碱性药物。因此该药物在弱碱性溶液中解离度小，分子态形式多，容易跨膜转运，吸收较快。

四、实验耗材

1. 器材　电子秤、注射器（1mL）、灌胃针头等。

2. 药品　2% 酸士的宁溶液（pH 1.0），2% 碱士的宁溶液（pH 8.0），4% 苦味酸溶液（标记用）。

3. 动物　4 只小鼠，体重 18～22g。

五、实验内容

1. 分组　将 4 只小鼠随机分为碱士的宁组及酸士的宁组，每组各 2 只小鼠。

2. 给药　每组均灌胃给予药品 0.2mL/10g。

3. 观察　各鼠给药后立即密切观察，并记录小鼠出现惊厥（竖尾、抽搐）的时间和/或死亡时间，比较给予不同 pH 士的宁溶液对小鼠作用有无差别，并对结果进行分析讨论。

4. 结果统计　将实验结果记录在表 3-2 中。

表 3-2　不同酸碱度对药物吸收的影响

分组	动物编号	性别	体重（g）	给药容积（mL）	给药时间	症状及时间	潜伏期（min）
酸士的宁组							
碱士的宁组							

六、注意事项

由于要观察惊厥现象，因此给药后请勿将小鼠置于鼠罩内。

七、思考题

1. pH 对药物吸收、分布的影响是什么，对排泄的影响又是什么？

2. pH 对指导临床用药具有什么意义?

实验三　不同给药剂量对药物作用的影响

一、实验学时
4 课时。

二、实验目的
观察不同给药剂量对戊巴比妥钠作用强弱的影响。

三、实验原理
1. 影响吸收的因素　斐克扩散定律。
2. 不同剂量对药物作用的影响　药物剂量大小是决定药物在体内浓度高低和作用强弱的主要因素之一。在一定范围内剂量与作用的强弱成正比,但超过一定范围则可能发生中毒,甚至死亡。

四、实验耗材
1. 器材　电子秤、注射器(1mL)、灌胃针头等。
2. 药品　0.2%、0.4%、0.8% 戊巴比妥钠溶液,4% 苦味酸溶液(标记用)。
3. 动物　6 只小鼠,体重 18～22g。

五、实验内容
1. 分组　将 6 只小鼠称重,并以 4% 苦味酸溶液标记,观察和记录正常活动情况,随机分成 0.2%、0.4%、0.8% 戊巴比妥钠溶液组,每组各 2 只小鼠。
2. 给药　3 组小鼠的给药容积均为 0.1mL/10g,1 组小鼠、2 组小鼠、3 组小鼠腹腔分别注射 0.2%、0.4%、0.8% 戊巴比妥钠溶液。
3. 观察　即睡眠潜伏期(小鼠从清醒到翻正反射消失的时间)及戊巴比妥钠作用的时间(小鼠翻正反射恢复的时间),并观察小鼠呼吸情况。
4. 结果统计　将实验结果记录在表 3-3 中。

表 3-3　不同给药剂量对药物吸收的影响

分组	动物编号	性别	体重(g)	给药容积(mL)	给药时间	蜷缩少动时间	闭目静卧时间	翻正反射消失时间	呼吸停止时间
0.2% 戊巴比妥钠溶液组									
0.4% 戊巴比妥钠溶液组									
0.8% 戊巴比妥钠溶液组									

六、注意事项
同本章实验一。

七、思考题
1. 不同给药剂量对药物作用的影响是什么?联系临床有何指导意义?
2. 不同的人为何使用同一药物同一剂量表现的作用强度却不同?联系临床有何指导意义?
3. 哪些药物临床应用要监测血药浓度的变化,为什么?

第四章 药毒性及其解救

实验一 有机磷农药中毒及其解救

一、实验学时
4 课时。

二、实验目的
1. 学习家兔灌胃方法。
2. 观察有机磷农药中毒症状及用阿托品（atropine）和氯解磷定（pralidoxime chloride）解救的效果。
3. 学习难逆性胆碱酯酶抑制药（有机磷酸酯类）及胆碱酯酶复活药的作用机制。

三、实验原理
有机磷农药（有机磷酸酯类）为持久性胆碱酯酶抑制药，主要用作农业杀虫剂和化学战争毒剂。进入体内后能抑制胆碱酯酶活性，造成 ACh（乙酰胆碱）在体内大量堆积而产生一系列中毒症状［包括毒蕈样（M样）、烟碱样（N样）及中枢神经系统（CNS）症状］。阿托品为 M 受体阻滞药，能迅速解除 M 样症状及部分中枢神经系统症状。氯解磷定为胆碱酯酶复活药，可恢复胆碱酯酶水解 ACh 的活性，并可直接与游离的有机磷农药结合成无毒的物质，从尿排出，从而解除有机磷酸酯类中毒症状。

四、实验耗材
1. **器材** 家兔固定盒，注射器（1mL、5mL）等。
2. **药品** 5% 精制敌百虫溶液、0.5% 硫酸阿托品注射液、25% 氯解磷定溶液等。
3. **动物** 健康家兔 1 只，体重 1.5～3kg。

五、实验内容
1. 取家兔 1 只，称重，观察并记录活动情况，呼吸（频率、幅度、节律是否均匀），心率，瞳孔大小，唾液分泌，大小便，肌张力及有无肌震颤等。
2. 将家兔固定于家兔固定盒内，用酒精棉球涂搽耳廓，使耳缘静脉扩张，涂石蜡。当充血明显时，用刀片迅速划破静脉，让血液自然流出，收集 0.5 mL 血液。
3. 由家兔耳缘静脉注入 5% 精制敌百虫溶液 2mL/kg。随时观察并记录上述各指标的变化。再依步骤 2 采血供测中毒后胆碱酯酶活性。
4. 经家兔耳缘静脉注入 0.5% 硫酸阿托品溶液 0.4mL/kg，观察各项指标。
5. 然后再注射 25% 氯解磷定溶液 0.2mL/kg，观察各项指标。
6. 记录观察结果，完成实验报告。将实验结果记录于表 4-1 中。

表 4-1　实验结果记录

动物编号	观察时间	活动情况	呼吸情况	心率（次/分）	瞳孔（mm） 左　右	唾液分泌	大小便	肌张力	肌震颤
	给药前								
	给 5% 精制敌百虫溶液后								
	给 0.5% 硫酸阿托品溶液后								
	给 25% 氯解磷定溶液后								

六、注意事项

1. 有机磷农药为剧毒物，切勿污染。皮肤被敌百虫溶液污染后不能用碱性物（肥皂）清洗。

2. 家兔耳缘静脉取血应从耳尖开始，取血后应注意及时止血。

七、思考题

有机磷农药中毒的机制是什么？阿托品和氯解磷定为什么能解救有机磷农药中毒？在临床上如何应用？

实验二　青霉素、链霉素毒性及其对抗

一、实验学时

4 课时。

二、实验目的

观察青霉素、链霉素的毒性反应及氯化钙的对抗作用。

三、实验原理

1. 青霉素毒性很低，但一次静脉注射大剂量青霉素钾可致动物死亡，原因是 100 万 U 的青霉素 G 钾盐含 K^+ 65mg（1.7mmol），若快速静脉注射可致高血钾（正常血钾水平为 3.5~5.5mmol/L），而 100 万 U 青霉素 G 钠盐中含 Na^+ 39mg（1.7mmol），对机体无明显影响。

2. 链霉素为氨基糖苷类药物，在大剂量静脉滴注或腹腔注射时，其与血液中的 Ca^{2+} 络合，体内游离的 Ca^{2+} 浓度下降，抑制了 Ca^{2+} 参与的 ACh 的释放，出现四肢软弱无力、呼吸困难，甚至呼吸停止等毒性反应。钙剂能升高血液中 Ca^{2+} 的浓度，使 ACh 的释放增多，从而对抗链霉素的毒性反应。

四、实验耗材

1. **器材**　鼠笼、天平、注射器（1mL）、针头等。

2. **药品**　100 000U/mL 青霉素 G 钾盐溶液、100 000U/mL 青霉素 G 钠盐溶液、62.5mg/mL 硫酸链霉素溶液、30mg/mL 氯化钙溶液、生理盐水、4% 苦味酸溶液（标记用）。

3. **动物**　小鼠 8 只，体重 18~22g，雌、雄各半。

五、实验内容

1. 青霉素 G 钾盐与青霉素 G 钠盐快速静脉注射毒性比较

（1）取小鼠 4 只，随机分为 2 组（甲组、乙组）。

（2）甲组小鼠尾静脉注射 100 000U/mL 青霉素 G 钾盐溶液，乙组小鼠尾静脉注射 100 000U/mL 青霉素 G 钠盐溶液，给药量均为 0.1mL/10g。

（3）仔细观察各鼠的反应，并作详细记录。

2. 链霉素毒性反应及对抗

（1）取小鼠 4 只，随机分为 2 组（甲组、乙组）。

（2）甲、乙 2 组小鼠一侧腹腔注射药物 A 或药物 B，另一侧腹腔均注射硫酸链霉素溶液，给药容积均为 0.1mL/10g（药物 A、药物 B 分别为 30mg/mL 氯化钙溶液、生理盐水，随机）。

（3）仔细观察各鼠给药后的反应及症状（呼吸、体位），并作详细记录。

六、注意事项

尾静脉注射是青霉素毒性实验成败的关键，直接影响实验结果，如尾静脉注射失败，药物未全部直接入血，实验现象较难观察。

七、思考题

1. 为什么青霉素 G 钾盐剂量过大会导致中毒？

2. 链霉素急性中毒有哪些症状，为什么用氯化钙解救，除了氯化钙还应该用什么药物进行解救？

第五章 药物代谢动力学参数测定

实验一 药物代谢动力学测定

一、实验学时
4课时。

二、实验目的
1. 测定磺胺甲噁唑（SMZ）单次快速静脉注射后在家兔体内的药物代谢动力学（以下简称药动学）参数。

2. 了解药动学参数的临床意义。

三、实验原理
结构中含有对氨基苯的磺胺类药物在酸性环境中可与亚硝酸钠起重氮反应，产生重氮盐。该盐在碱性环境中与酚类化合物（麝香草酚）起偶联反应，形成橙色的偶氮化合物。偶氮化合物颜色的深浅与磺胺药的浓度相关。通过测定其光密度，即可推算出药物浓度。

四、实验耗材
1. 器材　722型分光光度计，离心机，婴儿秤，兔台，手术器械，离心管（5mL），吸量管（2mL），注射器（1mL、5mL），试管架，纱布，滤纸等。

2. 药品　20μg/mL 磺胺甲噁唑标准液、100mg/mL 磺胺甲噁唑溶液、75mg/mL 三氯乙酸溶液、5mg/mL 亚硝酸钠溶液、5mg/mL 麝香草酚溶液、500U/mL 肝素生理盐水溶液、30mg/mL 戊巴比妥钠溶液等。

3. 动物　健康家兔1只，体重1.5～3kg。

五、实验内容
1. 标记试管　取5mL离心管8支，用记号笔分别标记数字0～7。

2. 加三氯乙酸溶液　取标记好的离心管，在各管中分别加入75mg/mL 三氯乙酸溶液3.8mL。

3. 麻醉、固定动物　取健康家兔1只，称重，自耳缘静脉注射30mg/mL 戊巴比妥钠溶液1mL/kg，麻醉后将家兔仰卧固定于兔台上。

4. 给药前取血　剪开颈部皮肤，暴露颈外静脉。用1mL注射器（先用500U/mL 肝素生理盐水溶液冲洗），由颈外静脉取血0.2mL，放入0号离心管，混匀。

5. 给药　自耳缘静脉注射100mg/mL 磺胺甲噁唑溶液0.2mL/kg（20mg/kg），记录给药时间。

6. 给药后取血　于给药1min、5min、10min、15min、30min、45min、60min 同步骤4中方法取血，分别放入1～7号离心管中，混匀。

7. 离心　将离心管放入离心套管中，两两配平后，对位放入离心机中，以1500r/min 离心5min，停转后取出离心管。

8. 移液　将上清液从离心管移至对应的5mL 试管中。

9. 制备标准管　另取一支试管，加入20μg/mL 磺胺甲噁唑标准液1.5mL。

10. 显色　用2mL 吸量管分别吸取各管的上清液1.5mL（应逐管更换吸量管）放入对应的

试管中。用 1mL 加液器向各试管（包括标准管）中加入 5mg/mL 亚硝酸钠溶液 0.5mL，混匀后再加入 5mg/mL 麝香草酚溶液 1mL，再混匀。

11. 比色 以 0 号试管调零，于 525nm 波长处用 722 型分光光度计测定 1～7 号试管及标准管液的光密度（D）。

12. SMZ 药动学参数测定结果 将测定结果填入表 5-1 中。

表 5-1 药动学参数测定结果

	标准管	1min	5min	10 min	15 min	30min	45min	60min
光密度（D）								
血药浓度（C）								
对数浓度（$\log C$）								

（1）根据下列公式求出各时间（t）的血药浓度，并求出 $\log C$。

$$\text{样品管浓度}(\mu g/mL) = \frac{\text{样品管光密度}}{\text{标准管光密度}} \times \text{标准管浓度}$$

（2）以时间为横坐标，浓度为纵坐标，在半对数纸上绘制 SMZ 的药 - 时曲线，确定其房室模型。

（3）以 $\log C$ 对 t 作直线回归，a 为截距，b 为斜率，得方程：

$$\log C = a + bt$$

（4）计算药动学参数 K、C_0、$t_{1/2}$、V_d、CL，K 为药物消除速率常数，X_0 为用药量，C_0 为血药浓度谷值，$t_{1/2}$ 为血浆半衰期，V_d 为表观分布容积、CL 为清除率。公式如下：

$$C_0 = \log^{-1} a$$
$$K = 2.303 b$$
$$t_{1/2} = 0.693/K$$
$$V_d = X_0/C_0$$
$$CL = V_d \cdot K$$

六、注意事项

1. 取血方法也可用颈动脉放血或耳缘动脉取血法。
2. 取血量及各种液体的量要准确。
3. 将血样加到三氯乙酸试管中应立即摇匀，否则易出现血凝块。
4. 每加一种试剂后必须立即混匀，所加试剂的次序不得颠倒，否则影响结果。
5. 血药浓度计算也可根据另行做出的标准曲线方程求得。

七、思考题

实验过程中取血时间以多长为宜？为什么实验开始时采血时间要密一些？

实验二 血浆半衰期

一、实验学时

4 课时。

二、实验目的

掌握药物血浆半衰期（$t_{1/2}$）的测定方法并计算血浆半衰期（$t_{1/2}$）。

三、实验原理

通过比色法测定水杨酸的半衰期。水杨酸钠小剂量按一级动力学消除,其在酸性环境中可变为水杨酸,水杨酸与三氯化铁反应,形成一种紫色络合物,该化合物在520nm波长下比色,根据紫色络合物的颜色进行比色得光密度,将光密度代入公式计算得半衰期。

四、实验耗材

1. 器材 试管(10mL)、离心管(10mL)、刻度吸管(10mL)、注射器(5mL)、721型分光光度计、离心机、吸管架、干棉花、竹签等。

2. 药品 10%水杨酸钠溶液、10%三氯乙酸溶液、10%三氯化铁溶液、0.5%肝素生理盐水溶液。

3. 动物 健康家兔1只,体重1.5~3kg。

五、实验内容

1. 麻醉、固定动物 取家兔1只,称重,固定。三支玻璃离心管分别编号数字1~3,均加入7mL 10%三氯乙酸溶液。

2. 给药前取血 用经0.5%肝素生理盐水湿润过的注射器从家兔心脏取血2mL(做对照血样,用作"调零")放入1号离心管中。

3. 给药 从耳缘静脉注入10%水杨酸钠溶液150mg/kg。

4. 给药后取血 注射药后5min和35min再从心脏取血2mL,将上述两次抽的血分别放入2、3两支玻璃离心管中。

5. 离心 三支离心管振荡混合2min,然后以3500r/min离心10min(无需配平,但需对称放置),使血浆蛋白沉淀。

6. 显色 准确吸取上清液各6mL分别置入对应编号的试管内,每管加10%三氯化铁溶液0.6mL(或12滴)摇匀后即可显色。

7. 比色 在721型分光光度计上,以"1"调零,用波长520nm、1cm光径比色皿进行比色,读给药后两管上清液的光密度(D_1、D_2),并记录。

8. 计算 $t_{1/2}$ 根据下列公式求 $t_{1/2}$,D_1、D_2为给药后两次血浓度的光密度,t为两次取血间隔时间。

$$t_{1/2} = \frac{0.301t}{\log D_1 - \log D_2}$$

六、注意事项

1. 心脏取血时将家兔仰卧,以左手拇指在胸骨一侧,食指及中指于胸骨另侧固定心脏,在心尖搏动最明显处将针与胸壁垂直刺入胸腔,当持针手感到心脏搏动时,再稍刺入心脏,然后抽出血液。取血时,宜用7号或8号针头,针头直出直入,勿在胸腔内左右探索。

2. 为防止凝血,心脏取血时,注射器内先用0.5%肝素生理盐水溶液湿润。

七、思考题

测定药物的血浆半衰期有何临床意义?

第六章 肝、肾功能对药物的影响

实验一 药物对肝脏的影响及肝功能状态对药物作用的影响

一、实验学时
4课时。

二、实验目的
1. 观察药物过量对肝功能的影响。
2. 观察肝功能状态对药物作用的影响。

三、实验原理
肝功能不全（hepatic insufficiency）是当肝脏受到某些致病因素的损害，引起肝脏形态结构的破坏和肝功能的异常。肝脏轻度的损害，通过肝脏的代偿功能，一般不会发生明显的功能异常；如果肝脏损害比较严重而且广泛，引起明显的物质代谢障碍、解毒功能降低、胆汁的形成和排泄障碍及出血倾向等肝功能异常改变，称为肝功能不全，即肝功能异常。在药物使用过程中，因药物本身和/或其代谢产物或由于特殊体质对药物的超敏感性或耐受性降低所导致的肝脏损伤称为药物性肝损伤（drug-induced liver injury，DILI），亦称药物性肝病。多种药物可以引起DILI，如化疗药、抗结核药、解热镇痛药、免疫抑制剂、降糖药、降脂药、抗细菌药、抗真菌药及抗病毒药等。

对乙酰氨基酚（acetaminophen）是临床常用的解热镇痛药，治疗剂量内安全且疗效可靠。但使用过量，对乙酰氨基酚可以导致严重的急性肝脏及肾脏功能衰竭，严重者可以导致患者死亡，已成为严重影响公众健康的问题之一，且对于保守治疗无效的患者，肝移植是唯一有效的治疗措施。

肝功能异常情况下，临床应用中尽量不选择需要经过肝脏代谢才能转化成有活性的药物，也不要选择主要经过肝脏代谢而消除的药物，因影响药物的作用及消除速率从而影响药物的作用及安全性。

戊巴比妥主要经过肝脏代谢而消除，肝脏功能不同对其的消除速率不同。

四、实验耗材
1. 器材 电子天平，鼠笼，注射器（1mL、10mL），小烧杯等。

2. 药品 25mg/mL对乙酰氨基酚溶液（溶于磷酸缓冲盐溶液中，55℃加热至完全溶解，现用现配），PBS（磷酸缓冲盐溶液），生理盐水，0.3%戊巴比妥钠溶液，10%四氯化碳溶液，4%苦味酸溶液（标记用）。

3. 动物 10只小鼠，体重18～22g。

五、实验内容
1. 对乙酰氨基酚对肝功能的影响及对动物生存率的影响
（1）将6只小鼠分别称重，标号，随机分为甲、乙、丙3组，并观察、记录正常活动表现。
（2）甲组和乙组小鼠禁食不禁水15小时，丙组动物正常饮食、饮水。
（3）甲组小鼠腹腔注射PBS，注射容积为0.2mL/10g；乙组及丙组小鼠均腹腔注射

25mg/mL 对乙酰氨基酚溶液,注射容积均为 0.2mL/10g。

(4) 3 组小鼠在注射药物后每 2h 观察其生存状态,连续观察 72h。

(5) 观察过程中出现死亡,则解剖小鼠,观察肝脏颜色及其他情况,观察结束后未死亡的小鼠处死后解剖,观察其肝脏颜色及其他情况。

(6) 记录结果(表 6-1)及分析。

表 6-1 对乙酰氨基酚对肝功能的影响及动物生存率实验结果记录

组别	处理	动物编号	正常活动情况	死亡的时间	存活动物的活动情况	解剖后肝脏的颜色
甲组	禁食 +PBS					
乙组	禁食 + 对乙酰氨基酚溶液					
丙组	对乙酰氨基酚溶液					

2. 肝功能状态对药物作用的影响

(1) 将 4 只小鼠分别称重,标号,随机分为甲组(肝损伤组)、乙组(对照组),并观察、记录正常活动表现。

(2) 甲组小鼠实验前 24h 皮下注射 10% 四氯化碳溶液以制作肝损伤模型,注射容积为 0.2mL/10g。乙组小鼠实验前 24h 皮下注射生理盐水,注射容积为 0.2mL/10g。

(3) 甲组、乙组小鼠腹腔注射 0.3% 戊巴比妥钠溶液,注射容积为 0.06mL/10g。

(4) 观察记录表现:活动情况、翻正反射、呼吸深浅及频率。

(5) 结果记录(表 6-2)及分析。

表 6-2 肝功能状态对药物作用的影响实验结果记录

组别	处理	动物编号	活动情况	翻正反射消失时间	翻正反射恢复时间	呼吸深浅	呼吸频率(次/分)
甲组	10% 四氯化碳溶液						
乙组	生理盐水						

六、注意事项

1. 因禁食造成对乙酰氨基酚对肝脏损伤实验影响较大,故一定严格禁食。

2. 肝功能状态对药物作用的影响注意事项:

(1) 实验室温度若在 20℃ 以下,需给小鼠保暖,否则小鼠会因代谢减慢不易苏醒;

(2) 实验室保持安静,否则不利于小鼠睡眠;

(3) 肝损伤小鼠要单独放在一个鼠笼里面。

七、思考题

1. 分析药物对肝脏的影响及如何合理用药?

2. 分析肝脏功能对药物有何影响?

3. 肝功能状态对临床用药有何指导意义?

实验二　肾功能状态对药物作用的影响

一、实验学时
2课时。

二、实验目的
1. 观察肾功能状态对药物作用的影响。
2. 了解肾损伤模型的制备方法。

三、实验原理
　　肾功能受损是指肾功能异常。肾脏是分泌尿液，排泄废物、毒物的重要器官。对人体起到调节人体电解质浓度、维持酸碱平衡的作用。肾功能受损或逐渐衰退，肾的排泄和调节功效也将会降低。
　　链霉素（streptomycin）是一种氨基糖苷类抗生素，本品在体内不代谢，经肾小球过滤排出，80%～98%在24h排出，且对肾脏的毒性较大，肾功能有损害的患者应该少用或不用，即使一定要用，必须经常查验肾功能和尿常规。

四、实验耗材
1. 器材　电子天平，鼠笼，注射器（1mL、10mL），小烧杯等。
2. 药品　2.5%硫酸链霉素溶液、0.1%氯化高汞溶液、生理盐水、4%苦味酸溶液（标记用）。
3. 动物　4只小鼠，体重18～22g。

五、实验内容
1. 将4只小鼠分别称重，标号，随机分为甲、乙2组，并观察、记录正常活动表现。
2. 甲组小鼠实验前腹腔注射0.1%氯化高汞溶液以制作肾损伤模型，注射容积为0.1mL/10g。乙组小鼠实验前24h皮下注射生理盐水，注射容积为0.1mL/10g。
3. 甲组、乙组小鼠腹腔注射2.5%硫酸链霉素溶液，注射容积为0.2mL/10g。
4. 观察并记录其表现，包括肌张力、呼吸情况、口唇颜色、死亡情况。

六、注意事项
　　实验室温度若在20℃以下，需给小鼠保暖，否则小鼠会因代谢减慢不易苏醒。

七、思考题
1. 肾脏功能状态如何影响药物的作用？
2. 肾脏功能状态对临床用药有何指导意义？

第七章 对比与区分药物

实验一 传出神经系统药物对小鼠耐缺氧能力的影响

一、实验学时

4课时。

二、实验目的

1. 观察普萘洛尔提高机体对缺氧作用的耐受力的作用。
2. 掌握普萘洛尔抗缺氧的作用机制，并联系临床应用。
3. 掌握异丙肾上腺素对小鼠耐氧、缺氧能力的影响，并联系实际应用。
4. 了解小鼠耐氧、缺氧的实验方法。

三、实验原理

缺氧是指当组织和细胞得不到充足的氧或发生用氧障碍，组织和细胞的代谢、功能，甚至形态结构都可能发生异常变化的病理过程，缺氧对机体是一种恶性刺激，可影响机体各种代谢，最终导致机体的心、脑等器官缺氧，供能不足而死亡。而机体对缺氧的耐受力取决于机体的代谢耗氧率和代偿能力。异丙肾上腺素（isoprenaline）为β肾上腺素受体激动剂，能激动心脏$β_1$受体，可使心收缩力增强，心率加快，传导加速，心输出量增多，并明显增加心肌耗氧量，同时促进糖原和脂肪分解，增加组织耗氧量。普萘洛尔（propranolol）为β肾上腺素受体阻滞剂，可阻断心肌$β_1$受体，使收缩力减弱，心率减慢，传导减慢，心输出量减少，心肌耗氧量降低，并可抑制糖原和脂肪分解，减少组织耗氧量，因而可提高机体对缺氧的耐受性。

四、实验耗材

1. **器材** 电子天平，鼠笼，广口瓶（250mL），注射器（1mL、10mL），秒表，纱布等。
2. **药品** 0.1%硫酸异丙肾上腺素溶液、0.1%盐酸普萘洛尔溶液、生理盐水、凡士林、钠石灰、4%苦味酸溶液（标记用）等。
3. **动物** 6只小鼠，体重18～22g，雄性。

五、实验内容

1. 将6只小鼠分别称重，标号，随机分为甲、乙、丙3组，并观察、记录正常活动表现。
2. 检查广口瓶气密性，瓶口涂适量凡士林，其内分别放入钠石灰5g（可用纱布包好，可反复使用，但如有变色实验前需更换），用于吸收CO_2和水。广口瓶随机标记数字1～6。
3. 甲、乙、丙3组小鼠分别通过腹腔注射予以药物A、B、C，给药容积均为0.2mL/10g，给药后观察并记录小鼠的表现（药物A、B、C为0.1%硫酸异丙肾上腺素溶液、0.1%盐酸普萘洛尔溶液、生理盐水，随机）。
4. 给药15min后，将小鼠分别放入对应的6个广口瓶内，迅速盖上瓶盖以密封，即刻记录封盖时间，观察并记录小鼠活动变化及呼吸停止时间。
5. 计算各小鼠存活时间并判断药物A、B、C分别是什么，并计算给药组的存活时间延长百分率（%）。

$$存活时间延长百分率(\%) = \frac{给药组平均存活时间(min) - 生理盐水组平均存活时间(min)}{生理盐水组平均存活时间(min)} \times 100\%$$

6. 记录实验现象及结果，记录表格参考表 7-1，将数据进行统计处理。

表 7-1 药物对小鼠缺氧耐受力的影响记录表

组别	药物	动物编号	观察时间点	活动情况	呼吸频率（次/10s）	呼吸情况	皮肤、血液颜色	死亡时间	存活时间（min）	存活时间延长百分率（%）
X组	药物X:		用药前							
			放入广口瓶 0min							
			放入广口瓶 5min							
			放入广口瓶 10min							
			放入广口瓶 15min							
			放入广口瓶 20min							
			放入广口瓶 25min							
			放入广口瓶 30min							

六、注意事项

1. 因小鼠体重、性别会影响耐缺氧时间，实验时应选择性别相同、体重相近的小鼠。

2. 所有广口瓶必须等容量，并配有瓶盖，以保证其气密性。瓶盖涂抹上凡士林后应盖紧，必须完全密闭不漏气。

3. 钠石灰应新鲜，若已吸收水分或 CO_2 而变色者不用，应换新品。

4. 小鼠呼吸停止为判断死亡的标准，故应密切观察其呼吸变化情况。

5. 注意室温，保持在 20℃ 左右。

七、思考题

1. 请简述普萘洛尔抗缺氧的作用机制，并联系临床应用。

2. 请简述异丙肾上腺素的作用，并联系实际简述机体处于恶劣条件时（例如被困在电梯中）应当如何做，为什么？

实验二 局部麻醉药的麻醉作用

一、实验学时

2 课时。

二、实验目的

比较普鲁卡因和丁卡因的表面麻醉作用强度，分析原因，并联系临床应用。

三、实验原理

普鲁卡因（procaine），又称奴佛卡因，为短效脂类局部麻醉药（以下简称局麻药），因亲脂性低，对黏膜的穿透力弱，一般不用于表面麻醉，毒性较小，是常用的局麻药之一，常局部注射用于浸润麻醉、传导麻醉、蛛网膜下腔麻醉和硬膜外麻醉，注射给药后 1～3min 起效，可维持 30～45min，加用肾上腺素后维持时间可延长 20%。

丁卡因（tetracaine），别名地卡因，局麻作用比普鲁卡因强 10 倍，能透过黏膜，主要用于黏膜麻醉，因毒性较强（比普鲁卡因强 10～12 倍），一般不做浸润麻醉。其作用迅速，1～3min 即生效。维持 2～3h，眼科用 0.5%～1% 溶液，无角膜损伤等严重不良反应；鼻喉科用 1%～2% 溶液，总量不得超过 20mL，应用时应于每 3mL 中加入 0.1% 盐酸肾上腺素溶液 1 滴。

四、实验耗材

1. 器材 兔台，磅秤，剪毛剪刀，注射器（1mL、2mL），脱脂棉花少许，滴管等。
2. 药品 1% 盐酸普鲁卡因溶液、1% 盐酸丁卡因溶液、生理盐水等。
3. 动物 健康家兔 1 只，体重 1.5～3kg。

五、实验内容

1. 由助手固定家兔，用剪毛剪刀剪去家兔双眼睫毛。
2. 用细棉花条代替角膜刺激器，轻触两眼角膜之上、中、下、左、右 5 点，观察并记录正常眨眼反射情况。记录方法：测试次数为分母，眨眼次数为分子，如测试 5 次，若有 2 次眨眼，记录为 2/5，以此类推，本实验下述记录方法均采用此方法。
3. 家兔双眼分别滴入不同药物各 3 滴（即左眼滴药物 A，右眼滴药物 B）。滴药时用拇指和食指将家兔下眼睑拉开，使成袋状，并按住内眦，药液应在眼睑内保留 1min，然后任其流溢（药物 A、B 为 1% 盐酸普鲁卡因溶液、1% 盐酸丁卡因溶液，随机）。
4. 分别于滴药 5min、10min、15min、20min、25min、30min 时，测试并记录一次眨眼反射情况。
5. 将实验结果进行汇总并填入表 7-2 中。

表 7-2 眨眼反射情况记录表

眼别	药物	用药前眨眼反射情况	用药后眨眼反射情况					
			5min	10min	15min	20min	25min	30min
左	药物 A：							
右	药物 B：							

六、注意事项

1. 每次刺激强度应一致，刺激物应从侧面达到角膜，以免动物看到实验者的手而眨眼。刺激角膜时不可触及眼睑，以免影响实验效果。
2. 刺激角膜的细棉花条应用同一根，刺激强度尽量一致。
3. 滴药时用中指压住鼻泪管，以防药液流入鼻泪管被吸收，而发生中毒。
4. 药物在两眼结膜囊内停留的时间长短应一致，并注意使药液充分接触角膜上部。

七、思考题

1. 表面麻醉药应有什么样的属性？
2. 比较普鲁卡因和丁卡因的药理作用和临床应用的特点。

实验三 收缩血管药物和舒张血管药物对普鲁卡因麻醉的影响

一、实验学时

4 课时。

二、实验目的

1. 观察收缩血管药物是否都能延缓普鲁卡因的局部麻醉时间，分析其原因，联系临床应用。

2. 观察舒张血管药物对其麻醉时间的影响。

3. 掌握局部麻醉时加用肾上腺素的原因。

三、实验原理

普鲁卡因能使细胞膜稳定，降低其对离子的通透性，使神经冲动达到时，Na^+、K^+ 不能进出细胞膜产生去极化和动作电位，从而产生局部麻醉作用。在临床上多把普鲁卡因作局部麻醉药物使用，常局部注射用于浸润麻醉、传导麻醉、蛛网膜下腔麻醉和硬膜外麻醉。

肾上腺素（adrenaline）是 α、β 肾上腺素受体激动剂，激动血管平滑肌 $α_1$、$β_2$ 受体可使皮肤、黏膜、肾和胃肠道等器官的血管收缩，使骨骼肌和肝脏的血管舒张，皮下注射肾上腺素延缓了组织对药物的吸收，与麻醉药配伍使用而延长麻醉时间。酚妥拉明（regitine）为 $α_1$、$α_2$ 受体拮抗药，具有血管舒张作用。

普鲁卡因对周围血管有明显的直接扩张作用，容易被吸收进入血液，且麻醉持续时间短，为减少吸收，延长药效，减少毒副作用，临床上常加入少量的肾上腺素，时效可延长 20%。利用不同药物对血管收缩或舒张的作用，与普鲁卡因配伍注射，收缩血管药物对麻醉时间具有延缓作用；舒张血管药物对机体吸收普鲁卡因的速度有促进作用，而缩短局部麻醉时长。血管的收缩扩张影响麻醉药物吸收的快慢，临床上可以根据不同的需要选用相应的药物与麻醉药配伍注射，能够较好地控制对患者的麻醉时间。

四、实验耗材

1. 器材 电子天平，鼠笼，注射器（1mL、5mL），剪毛剪刀，计时器，刺针，微量加样枪（2μL、20μL、200μL、1000μL、5mL），小鼠固定器等。

2. 药品 0.5% 盐酸普鲁卡因注射液，1/250 000 肾上腺素，1/250 000 去甲肾上腺素，1/250 000 酚妥拉明，75% 乙醇溶液，4% 苦味酸溶液（标记用）等。

3. 动物 8 只小鼠，体重 18～22g。

五、实验内容

1. 将 8 只小鼠，称重，标号，随机分为甲、乙、丙、丁 4 组，每组各 2 只。

2. 用固定器将小鼠固定好，将小鼠两后腿部的毛剪干净，用 75% 乙醇溶液消毒后，以刺针试其痛觉反射并记录，以"+++""++""+""–"表示由强到弱的疼痛反应。

3. 分别在每组每只小鼠左后腿靠近臀部的位置皮下注射药物 A、B、C、D，右后腿相同部位作为空白对照，注射容积均为 10mL/kg（药物 A、B、C、D 为 0.5% 盐酸普鲁卡因注射液、含有 1/250 000 肾上腺素 0.5% 盐酸普鲁卡因注射液、含有 1/250 000 去甲肾上腺素 0.5% 盐酸普鲁卡因注射液、含有 1/250 000 酚妥拉明 0.5% 盐酸普鲁卡因注射液，随机）。

4. 注射后分别在 1min、2min、5min、10min、15min、20min、25min、30min，以刺针试其注射部位的痛觉反射，比较 4 种药液的麻醉作用维持时间，并做相应的记录。

5. 将实验结果记录在表 7-3 中，比较给药前后痛觉反应的阳性发生率，并汇总全实验室结果进行统计处理分析。

表 7-3 痛觉反应记录表

组别	甲组		乙组		丙组		丁组	
药物	药物 A:		药物 B:		药物 C:		药物 D:	
动物编号								
腿别	左	右	左	右	左	右	左	右
用药前的反应								
用药后反应 1min								
2min								
5min								
10min								
15min								
20min								
25min								
30min								

六、注意事项

1. 剪毛时不要提起动物毛,以免剪伤皮肤,影响后续观察。

2. 选取的刺针不宜过钝,以免刺激所产生的疼痛过弱,影响观察。

3. 疼痛反应的强弱判别应选择两名观察者同时观察,并从始至终观察者都为这两名观察者,以免由于判别不同影响实验结果。

4. 针刺后腿应固定针刺范围,并由同一名实验者作为针刺实施者,以保证针刺力度相同。

5. 因普鲁卡因为局部麻醉药,故注射给药部位范围应为初始针刺范围内,后续观察也应在此范围内。

七、思考题

讨论肾上腺素延长普鲁卡因浸润麻醉时间在临床实践中的意义?

实验四 镇痛实验——热板法

一、实验学时

4 课时。

二、实验目的

1. 观察解热镇痛药与镇痛药镇痛作用的区别。

2. 了解热板法的实验原理。

三、实验原理

罗通定(rotundine)为镇痛药物,通过阻断脑内多巴胺受体,以及增加与痛觉有关的特定脑区脑啡肽原和内啡肽原的 mRNA 表达,促进脑啡肽和内啡肽的释放,产生镇痛作用。阿司匹林（aspirin）为外周解热镇痛药物，通过抑制环氧合酶（COX），抑制前列腺素及其他能使痛觉对机械性或化学性刺激敏感的物质（如缓激肽、组胺）的合成。

利用一定的温度刺激动物躯体的某一部位以产生疼痛反应。小鼠的足底无毛，皮肤裸露，把小鼠放在事先加热到55℃±0.5℃的金属板上，表现为舔后足、踢后腿等现象，以舔后足为"疼痛"反应指标，以产生痛反应所需的时间为痛阈值。通过考察痛阈值，反映药物的镇痛效果。

为减轻疼痛临床上应用的镇痛药物一般是通过提高痛阈值来达到镇痛目的。本实验应用热板法，观察镇痛药罗通定和解热镇痛药阿司匹林对小鼠痛阈值的影响及其表现。

四、实验耗材

1. 器材 电子天平，小鼠笼具，注射器（1mL），智能热板仪（或恒温水浴锅、大烧杯、秒表）。

2. 药品 0.3% 罗通定溶液、3% 阿司匹林混悬液、生理盐水、4% 苦味酸溶液（标记用）。0.3% 罗通定溶液/3% 阿司匹林混悬液的配制：

（1）0.3% 罗通定溶液：罗通定一片（30mg/片）放置研钵中研磨成粉状，加入少量生理盐水继续研磨，将溶液最终配制成10mL。

（2）3% 阿司匹林混悬液：阿司匹林肠溶片3片（100mg/片）放置研钵中研磨成粉状，加入少量水继续研磨，将溶液最终配制成10mL。3% 阿司匹林混悬液现用现配。

3. 动物 小鼠6只，体重18～22g，雌性。

五、实验内容

1. 仪器设置 将智能热板仪温度设定为55℃±0.5℃，或将恒温水浴锅内加水至没过烧杯底部1cm，调节水温至55℃±0.5℃。

2. 动物筛选、测定正常痛阈 将小鼠放入智能热板仪中（或烧杯内立即用秒表记录时间），密切观察小鼠反应，以"舔后足"为痛觉指标。记录痛阈值（从小鼠放入热板仪或烧杯内到出现"舔后足"现象的时间）。每只小鼠测痛阈2次（每次间隔5min），取其平均值为正常痛阈（给药前痛阈）。凡在30s内不舔后足或痛阈值小于10s者弃去，每实验小组筛选合格小鼠6只并记录其痛阈值，用4% 苦味酸溶液标记编号。

3. 分组给药 先将小鼠逐一称重，将6只小鼠按照随机原则分为甲、乙、丙3组。甲、乙、丙3组小鼠分别给药物A、B、C，给药容积均为0.2mL/10g（药物A、B、C为0.3% 罗通定溶液、3% 阿司匹林混悬液、生理盐水，随机）。

4. 测痛阈变化值 给药后10min、20min、30min、40min各测痛阈值1次，对60s内不舔足的小鼠应立即取出来，痛阈值按60s计算。

5. 结果统计与分析

（1）将实验结果记录在表7-4中。

表7-4 痛阈值记录表

组别	药物	动物编号	痛阈值（s）				
			给药前	给药10min	给药20min	给药30min	给药40min
甲	药物A：	1					
		2					
		平均					

续表

组别	药物	动物编号	痛阈值(s)				
			给药前	给药10min	给药20min	给药30min	给药40min
乙	药物B:	1					
		2					
		平均					
丙	药物C:	1					
		2					
		平均					

（2）综合全实验室结果填入表 7-5 中。

表 7-5　全实验室痛阈值汇总记录表

组别	药物	动物数(只)	痛阈值(s)				
			给药前	给药10min	给药20min	给药30min	给药40min
甲	药物A:						
乙	药物B:						
丙	药物C:						

（3）计算各组动物用药后 10min、20min、30min、40min 时的痛阈值提高百分率（P），并将结果填入表 7-6 中。

$$P=\frac{全实验室给药后痛阈值均数-全实验室给药前痛阈值均数}{全实验室给药前痛阈值均数}\times 100\%$$

表 7-6　全实验室痛阈值提高百分率表

组别	药物	痛阈值提高百分率(%)			
		给药10min	给药20min	给药30min	给药40min
甲	药物A:				
乙	药物B:				
丙	药物C:				

（4）以时间（min）为横坐标，痛阈值提高百分率为纵坐标，绘制各组的时-效曲线。

六、注意事项

1. 本实验选用雌性小鼠，因雄性小鼠阴囊下垂，阴囊皮肤可接触热板，并对疼痛较为敏感，可能影响实验结果。

2. 室温应控制在 13～18℃，此温度小鼠对痛反应较稳定，温度过低反应迟钝，过高则敏感。

3. 热板法小鼠个体差异较大，筛选时 10s≤正常痛阈值≤30s 以及喜跳跃的小鼠均应弃用。

4. 测痛阈值时若小鼠 60s 仍无反应，应立即将其从热板上移开，以免烫伤足趾，且痛阈值按 60s 计。

七、思考题

中枢镇痛药与阿司匹林的镇痛作用有何区别，用药时应注意哪些问题？

实验五 镇痛实验——化学刺激法(小鼠醋酸扭体法)

一、实验学时
4 课时。

二、实验目的
1. 观察解热镇痛药与镇痛药镇痛作用的区别。
2. 了解化学刺激法的实验原理。

三、实验原理
罗通定为镇痛药物,通过阻断脑内多巴胺受体,以及增加与痛觉有关的特定脑区脑啡肽原和内啡肽原的 mRNA 表达,促进脑啡肽和内啡肽的释放,产生镇痛作用。阿司匹林为外周解热镇痛药物,通过抑制 COX,抑制前列腺素及其他能使痛觉对机械性或化学性刺激敏感的物质(如缓激肽、组胺)的合成,属于外周性镇痛药。

在基础医学研究中筛选镇痛药的常用致痛方法包括物理法(热、电、机械)和化学法。动物的疼痛反应常表现出嘶叫、舔足、翘尾、蹦跳及皮肤、肌肉抽搐。化学法,即将某些化学物质,如强酸、强碱、钾离子、缓激肽等,涂于动物的某些敏感部位或腹腔注射。腹膜有广泛的感觉神经分布,把乙酸溶液等化学刺激物注入小鼠腹腔,刺激小鼠腹膜产生疼痛反应,表现为腹部两侧内凹、躯干与后肢伸张、臀部高起,统称为"扭体反应"。

为减轻疼痛临床上应用的镇痛药物一般是通过提高痛阈值来达到镇痛目的。本实验应用化学刺激法,观察镇痛药和解热镇痛药阿司匹林对小鼠痛阈值的影响及其表现。

四、实验耗材
1. 器材 电子天平、小鼠笼具、注射器(1mL)、透明观察瓶、秒表等。

2. 药品 0.3% 罗通定溶液、3% 阿司匹林混悬液、0.6% 乙酸溶液、生理盐水、4% 苦味酸溶液(标记用)。0.6% 乙酸溶液临用时新配为宜,存放过久可使作用减弱。0.3% 罗通定溶液及 3% 阿司匹林混悬液配制同本章实验四。

3. 动物 6 只小鼠,体重 18~22g。

五、实验内容
1. 将 6 只小鼠分别标记、称重,随机分成甲、乙、丙 3 组,每组 2 只小鼠,并观察其正常活动。

2. 甲、乙、丙 3 组小鼠均通过灌胃给予药物 A、B、C,给药容积均为 0.2mL/10g(药物 A、B、C 为 0.3% 罗通定溶液、3% 阿司匹林混悬液、生理盐水,随机)。

3. 给药后 30min,各鼠腹腔注射 0.6% 乙酸溶液 0.1mL/10kg,观察 15min 内产生扭体反应(腹部收缩内凹、躯干与后肢伸张、臀部高举)数。

4. 结果统计与分析。

(1)将实验结果记录在表 7-7 中。

表 7-7 扭体次数记录表

组别	药物	动物编号	扭体数	扭体出现时间(s)
甲	药物A:			

续表

组别	药物	动物编号	扭体数	扭体出现时间(s)
乙	药物 B:			
丙	药物 C:			

(2) 计算镇痛百分率 (P)。

$$P = \frac{给药组无扭体反应的动物数 - 生理盐水组无扭体反应的动物数}{生理盐水组扭体反应动物数} \times 100\%$$

(3) 综合全实验室结果填入表 7-8 中。

表 7-8 药物镇痛效果记录表

组别	药物	动物数（只）	扭体反应数（只）	无扭体反应数（只）	镇痛百分率（%）
甲	药物 A:				
乙	药物 B:				
丙	药物 C:				

六、注意事项

1. 乙酸溶液要求新鲜配制，存放过久可使作用减弱，也可用新配制的 0.05% 酒石酸锑钾溶液。

2. 室温以 10～20℃为宜，否则小鼠不易发生扭体反应。

3. 给药组比对照组减少扭体发生率 50% 以上才能认为药物有镇痛效力。

4. 小鼠体重过轻/过重，扭体反应发生率都低。

实验六 抗炎实验——蛋清诱发大鼠足跖肿法

一、实验学时

4 课时。

二、实验目的

1. 观察地塞米松、吲哚美辛对致炎物质所致大鼠后肢足跖肿的抗炎作用。

2. 了解实验性炎症模型的建立。

三、实验原理

地塞米松（dexamethasone）为长效糖皮质激素类药物，具有很强的抗炎作用，能够抑制各种炎症的发生，作用持续时间长，炎症急性初期，能够增加血管的紧张性，减轻充血，降低毛细血管的通透性，从而减轻渗出、水肿，同时抑制白细胞浸润及吞噬反应，减少各种炎症介质的释放，从而缓解炎症急性期的红、肿、热、痛等症状；在炎症后期，糖皮质激素类药物通过抑制毛细血管和成纤维的增生，抑制胶原蛋白、黏多糖的合成及肉芽组织增生，防止组织粘连及瘢痕形成，减轻后遗症。

吲哚美辛（indometacin）为非甾体抗炎药，具有抗炎、解热及镇痛作用，其作用机制为通过对环氧合酶的抑制而减少前列腺素的合成，阻止炎症组织痛觉神经冲动的形成，抑制炎性反应，包括抑制白细胞的趋化性及溶酶体酶的释放等，从而缓解炎症急性期的红、肿、热、痛等症状。

异体蛋白进入机体后可在短时间内引起组织的急性炎症反应，发生炎症的部位明显肿胀、体积增大，通过测定大鼠踝关节肿胀程度，观察炎症的发生及地塞米松和吲哚美辛的抗炎作用。

四、实验耗材

1. 器材 容积测量装置、注射器（1mL）、电子天平、软尺、丝线、棉手套、记号笔、鼠笼、大鼠固定器、烧杯等。

2. 药品 0.5%地塞米松磷酸钠注射液、新鲜鸡蛋清（预实验得出浓度）、1%吲哚美辛混悬液、生理盐水、4%苦味酸溶液（标记用）。

3. 动物 3只大鼠，体重180～220g，雄性，实验前禁食过夜。

五、实验内容

1. 将3只大鼠分别称重，并以不同记号标记甲鼠、乙鼠、丙鼠，每只大鼠以生理盐水5mL灌胃，以保证每只大鼠体内水分相同。

2. 3只大鼠分别通过腹腔注射药物A、B、C，注射容积均为1mL/kg（药物A、B、C为0.5%地塞米松磷酸钠注射液、1%吲哚美辛混悬液、生理盐水，随机）。

3. 测量大鼠踝关节肿胀程度。

（1）周长测量法

1）给药后，于大鼠左后肢的踝关节处用沾有油漆的丝线作一圆形标记，再用丝线绕标记测量大鼠踝关节正常周长，每只小鼠均测量2次，取平均值。

2）30min后，在大鼠左后足掌腱膜下向踝关节周围用5号针头注入新鲜鸡蛋清0.1mL，以后每隔10min测量大鼠左后踝周长，连测6次，以致肿前后左后踝周长之差评估踝关节肿胀程度。

（2）容积测量法

1）给药后，于大鼠左后肢的踝关节处用沾有油漆的丝线作一圆形标记，以排水法［操作步骤见3)］测量大鼠左后足之正常容积（以mL表示）。

2）30min后，在大鼠左后足掌腱膜下向踝关节周围用5号针头注入新鲜鸡蛋清0.1mL，以后每隔10min测量大鼠左后踝容积，连测6次，以致肿前后左后踝容积之差评估踝关节肿胀程度。

3）使用容积测量装置（图7-1）以排水法测踝关节肿胀程度，操作步骤：①转动三通活塞D，使A与B相通，将水推到吸管"0"刻度处，接着关闭B，使A与C相通。②将注射器A内的水推完，使玻璃管C内液面与其刻度圈平齐（玻璃管C内水量多少可用滴管直接调节）。③每次测量位置相同，可用记号笔或黑漆在实验大鼠左后踝关节划一标记，然后将左后肢拉直置入玻璃管C内，抽动注射器

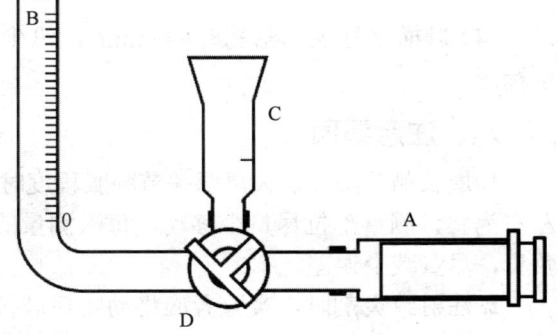

图7-1 容积测量法实验装置示意图

针芯,使左后肢标记处与玻璃管C上的刻度相平。待玻璃管C内液面与其刻度相平时,立即关闭C,使A与B相通,随即取出大鼠左后肢。④将注射器内剩余液体全部推入吸管B,记录水柱高度。此时吸管B内显示的水柱高度即代表所测踝关节肿胀程度的容积。

4. 结果统计与分析。

(1)将实验结果记录在表7-9中。

表7-9 大鼠左后踝关节情况记录表

组别	药物	左后踝关节正常周长(cm)或容积值(mL)			给药后不同时间左后踝关节肿胀周长值(cm)或容积值(mL)					
		一次	二次	平均	10min	20min	30min	40min	50min	60min
甲	药物A:									
乙	药物B:									
丙	药物C:									

(2)综合全实验室结果填入表7-10中。

表7-10 全实验室大鼠左后踝关节情况汇总记录表

组别	药物	动物数(只)	左后踝关节正常周长(cm)或容积值(mL)	给药后不同时间左后踝关节肿胀周长值(cm)或容积值(mL)					
				10min	20min	30min	40min	50min	60min
甲	药物A:								
乙	药物B:								
丙	药物C:								

(3)计算全实验室大鼠踝关节肿胀度(药后不同时间大鼠左后踝关节肿胀周长差值或容积差值),并将结果填入表7-11中。

表7-11 大鼠左后踝关节肿胀度

组别	药物	动物数(只)	给药后不同时间左后踝关节肿胀周长差值(cm)或容积差值(mL)					
			10min	20min	30min	40min	50min	60min
甲	药物A:							
乙	药物B:							
丙	药物C:							

(4)以横坐标表示给药时间(min),纵坐标表示关节肿胀周长差值或容积差值,绘制成坐标图。

六、注意事项

1. 周长测量法评估大鼠踝关节肿胀程度时,测量周长的软皮尺不能有弹性,刻度以0.2mm左右为宜,测量部位尽量少移动,每次测量的宽紧度必须一致。测量动作要熟练,要由专人负责,尽量减少误差。

2. 注射致炎剂时,实验者应将动物后肢拉直,先自跗中部皮下向上注入一部分,然后掉转针头向下注射。

3. 以容积法评估大鼠踝关节肿胀程度时,在每一次测量之前,都要调节容积测量装置中 B 和 C 的零点,若因大鼠肢体带走部分水分,则必须把水补充到玻璃管 C 的刻度处,再按上述顺序测量。

4. 致炎剂可以采用其他种类,具体浓度及注射剂量见表 7-12。

表 7-12　常用致炎剂的种类和浓度及注射剂量

	常用致炎剂	浓度(%)	注射剂量(mL)
短效	新鲜鸡蛋清	10	0.05～0.1
	5-羟色胺	0.01～0.02	0.05～0.1
	组胺	0.1～0.2	0.05～0.1
中效	鹿角菜	1	0.05～0.1
	白陶土	10	0.05～0.1
	琼脂	1	0.05～0.1
	酵母液	10	0.05～0.1
	右旋糖酐	0.85～1	0.05～0.1
长效	氮芥	2.5	0.05～0.1
	甲醛	1～3	0.05～0.1

七、思考题

1. 地塞米松为什么能消除或减轻蛋清等所致的关节肿？临床有何作用？
2. 地塞米松及吲哚美辛的作用机制和药理作用有何异同？
3. 复习甾体类抗炎药和非甾体类药物,并进行比较。

实验七　传出神经系统药物对家兔血压的影响

一、实验学时

4 课时。

二、实验目的

1. 观察传出神经药物对动物血压的影响。
2. 加深对这些药物相互作用关系的理解。
3. 以阻滞剂为工具分析各药对受体的作用。

三、实验原理

在生理情况下,人和其他哺乳动物的血压处于相对稳定状态,这种相对稳定是通过神经和体液因素的调节而实现的,其中以颈动脉窦-主动脉弓压力感受性反射尤为重要。反射的传出神经为心交感神经、心迷走神经和交感缩血管纤维。心交感神经兴奋,其末梢释放去甲肾上腺素,去甲肾上腺素与心肌细胞膜上的 β 受体结合,引起心脏正性的变时、变力、变传导作用。心迷走神经兴奋,其末梢释放乙酰胆碱,乙酰胆碱与心肌细胞膜上的 M 受体结合,引起心脏负性的变时、变力、变传导作用。交感缩血管纤维兴奋时释放去甲肾上腺素,去甲肾上腺素与血管平滑肌细胞的 α 受体结合引起阻力血管的收缩。作用于传出神经系统的药物是一大类,或拟似神经递质,或拮抗神经递质,通过激动或阻断分布于心血管上的肾上腺素受体或胆碱受体,影响心肌收缩性、血管舒张度,从而升高或降低血压。

本实验应用液压传递系统直接测定动脉血压,即由动脉插管、测压管道及压力换能器相互连通,其内充满抗凝液体,构成液压传递系统。将动脉套管插入动脉内,动脉内的压力及其变化,可通过密闭的液压传递系统传递压力,通过压力换能器将压力变化转换为电信号,用生物信号采集处理系统记录动脉血压变化曲线。

四、实验耗材

1. 器材 兔箱,兔台,婴儿磅秤,注射器(1mL、5mL、10mL),头皮静脉注射器针头,绳子,螺旋夹,铁支架,棉线,纱布,医用止血胶带,剪毛剪,眼科剪,手术剪,解剖刀,止血钳,玻璃分针,镊子,动脉夹,动脉插管,气管插管,三通管,压力换能器,生物信号采集处理系统,计算机及记录装置等。

2. 药品 200g/L 的氨基甲酸乙酯、1000U/mL 肝素钠、0.1g/L 盐酸肾上腺素、0.1g/L 重酒石酸去甲肾上腺素、0.05g/L 硫酸异丙肾上腺素、0.1g/L 甲磺酸酚妥拉明、0.1g/L 盐酸普萘洛尔、生理盐水、枸橼酸钠溶液。

3. 动物 健康家兔 1 只,体重 1.5~3kg。

五、实验内容

1. 实验准备

(1)压力换能器-生物信号采集处理系统设置

1)压力换能器的位置应大致与家兔心脏在同一水平面,故生物信号采集处理系统应与兔台位置适当,并能保证压力换能器与家兔心脏在同一水平面。

2)压力换能器的一端连生理记录仪的输入端,另一端有一个伸向外端的小管,与一个三通管相连。

3)三通管的两个接头分别与动脉插管及注射器相连,需旋动三通管上的开关,用注射器将压力换能器外端小管、三通管、动脉插管中充满枸橼酸钠溶液或者生理盐水,然后关闭三通管。注意动脉插管连接压力换能器外端小管后不要拔下,并确保有良好的气密性!

4)打开计算机和生物信号采集处理系统,并设置参数:打开信号采集软件,连接 4 通道,对应血压信号,示波状态下修改参数设置,滤波频率 100Hz,采集频率 800Hz,灵敏度 12kp,扫描速度 500ms/s。实验过程中连续记录,不要间断,每一次处理都应做好标记。

(2)实验所需药物配制:由指导教师将实验所需药物按照表 7-13 配制药物浓度(现用现配原则),并随机标注为药物 A、B、C、D、E(A~C 为拟肾上腺素药,D~E 为受体阻滞剂)。

表 7-13 药物配制浓度

序号	药物	浓度(g/L)	对应剂量(μg/kg)
(1)	0.1g/L 盐酸肾上腺素	0.1	10
(2)	0.1g/L 重酒石酸去甲肾上腺素	0.1	10
(3)	0.05g/L 硫酸异丙肾上腺素	0.05	5
(4)	0.1g/L 盐酸普萘洛尔	0.1	10
(5)	0.1g/L 甲磺酸酚妥拉明	0.1	10

2. 手术过程

（1）麻醉

1）切忌强抓家兔的耳朵、腰部或四肢。当家兔在兔笼内安静下来时，打开笼门，用右手抓住其颈部的被毛和皮肤，轻轻把家兔提起，将其拉至笼门口，头朝外，然后迅速用左手托起家兔的臀部，给家兔以舒适安全感。

2）将家兔放置于婴儿磅秤上称重，称重后固定于兔箱内（或由助手固定），经耳缘静脉注射 200g/L 的氨基甲酸乙酯进行麻醉，注射时速度要慢，并注意观察动物情况，当家兔四肢松软，呼吸变深、变慢，角膜反射迟钝时，表明家兔已被麻醉，即可停止注射。

（2）固定

1）将家兔背位（腹面朝上）固定于兔台上，保持颈部挺起，身体正直、舒展。

2）家兔头部固定时用细绳勾住家兔牙齿并将家兔头固定好。

3）用绳绑好家兔四肢将其固定在兔台上（后肢应系在踝关节以上，前肢应系在腕关节以上），且前肢背交叉（向后向下交叉，为使家兔胸部挺起）、后肢伸展。

（3）手术

1）备皮：用剪毛剪平贴皮肤，剪去颈部被毛，剪毛范围尽量大一些。

2）做皮肤切口、暴露气管：①用手术刀沿颈部正中线纵向作一长 5～7cm 的皮肤切口，注意避开喉头，喉头处有甲状腺，血液丰富，如伤及则出血不止，易造成家兔死亡。②用止血钳分离皮下结缔组织，首先看到胸锁乳突肌，再向下分离，便露出胸骨甲状肌和紧贴于气管上的胸骨舌骨肌。此为钝性分离方法，不会造成出血。③用止血钳沿正中线将胸骨舌骨肌分离，暴露出气管。

3）气管插管：①于已暴露的气管下面用镊子穿一丝线，打一活结。②在喉头下 2～3cm 处的气管上做一倒"T"形切口，将与气管口径相近的气管插管向心方向插入气管中，用线结扎，并将余线固定于气管插管的分叉处，以防气管插管松脱。

4）分离左/右颈总动脉（左、右任选一侧）：①颈部神经与颈总动脉位于气管外侧，用止血钳先将血管神经束腹面的肌肉和结缔组织分离，再用左手拇指和食指轻轻捏住分离的肌肉和皮肤，稍向外翻，即可将血管神经束翻于食指之上，然后用弯头止血钳分离颈动脉约 4cm，穿线备用。②轻轻提起右侧颈总动脉下的备用线，即可清楚看到 3 条粗细不同的神经。迷走神经最粗，为白色，一般位于外侧，易识别；交感神经较细，略显灰色，一般位于内侧；减压神经最细，常与交感神经贴在一起。

5）颈动脉插管：①将头皮静脉注射器耳缘静脉做留置管，用医用止血胶带固定，以备后续用药使用。颈动脉插管前首先从耳缘静脉注入肝素（300U/kg）以防凝血。②确定压力换能器已经与仪器连接，各项参数均已设置好，处于工作状态。③在分离出来的颈总动脉的远心端处（尽可能靠头端，保证有足够的血管长度来插管），用丝线将动脉结扎。④在颈总动脉之近心端处（尽可能靠心端），用动脉夹将动脉夹住，确保夹紧（因动脉压力很大，血液会喷出）。⑤于两者之间另穿一线，打一活结。⑥在紧靠结扎处的稍后方用锐利的眼科剪在动脉上沿向心方向作一斜形切口（不可只剪开外膜，也切勿将整个动脉剪断，切口大小约为管径的一半）。在小镊子的辅助下，将准备好的动脉插管由切口插入动脉管内，尽量插入长一些，避免插管滑脱。用备用线将套管尖端固定于动脉管内，并将余线结扎于套管的侧管上，以免滑脱。在结扎好动脉插管前，一定不能轻易放开动脉夹。⑦在实验装置准备妥当、手术完毕以后，调整三通管，使压力换能器与动脉插管相通（确保其他关闭），慢慢放松动脉夹，即可见有少量血液自颈总动脉冲向动脉插管，计算机屏幕上也显示出正常的血压波后，将动脉夹撤掉（用湿纱布盖住伤口，防止伤口干燥）。

3. 实验步骤

（1）描记正常血压值。

（2）依次从静脉按 A—B—C—D—A—B—C—E 的顺序注入药物，给药容积均为 0.1mL/kg，观察血压变化（待血压恢复原水平或平稳后，再给下一药物）。每次给药后再立即推入生理盐水 2mL，以将余药冲入静脉内。观察记录血压变化，并判断药物拟肾上腺素药物 A、B、C，受体阻滞剂 D、E 分别对应何种药物。

4. 结果与分析　描记给药后及恢复后家兔血压峰值及谷值（mmHg）。

六、注意事项

1. 耳缘静脉注射注意事项　①排净注射器内气泡；②首先从静脉的较远端（耳末梢处）确定进针位置，而非耳根部，否则注射失败后没有弥补的余地；③将进针处及附近的毛拔净，使血管清晰暴露，用手指弹血管（或用酒精棉球擦），使血管充分膨胀；④耳缘静脉麻醉时针头开口朝上进针，注射器刻度方向与针头开口方向保持一致，以便掌握注射剂量，扎入血管后，针头往前送一些，以确保在血管内（如果在血管内，则阻力很小），避免拔除；⑤耳缘静脉留置针注射器与头皮静脉注射器针头连接，用生理盐水排净气泡，针头开口朝上进针，注射器刻度方向应朝向操作者，以便掌握注射剂量，用医药胶带固定以备后续使用。

2. 麻醉注意事项　注射药物要慢，并密切注意家兔反应，如果家兔四肢松软，呼吸变深变慢，角膜反射迟钝时，表明家兔已被麻醉，即可停止注射，即使药没有注完也应停止注射，麻醉药注射太快和过多，都容易导致家兔死亡。

3. 手术中注意事项　①剪毛时切勿提起家兔毛剪，以免剪伤皮肤。②分离颈总动脉及穿线时，切勿损伤与其伴行的神经；在颈总动脉近甲状腺处有甲状腺前动脉，分离时应稍靠其下，以免损伤。③分离气管、血管时注意不要用手术剪，以免出血，如果发生出血，用干棉花或沾生理盐水纱布按压出血部位 1~2min，也可用止血钳夹住出血部位以止血。④本实验中对家兔颈部神经位置的描述是基于正常的解剖位置，由于家兔品种及个体的差异，常可发现 3 条神经的解剖位置有较大的变异。⑤动脉插管时插管应与血管方向一致，且将插管放置稳妥，以防扭转或套管尖端刺破动脉管壁。⑥压力换能器应与心脏处于同一水平。

4. 实验程序注意事项　①每次给药后再立即推入生理盐水 2mL，以将余药冲入静脉内；②每次给药后观察血压变化，待血压恢复原水平或平稳后，再给下一药物。

七、思考题

1. 肾上腺素、去甲肾上腺素、异丙肾上腺素对血压及心率有何作用，作用原理是什么，各有何临床用途，何药易产生心律失常？

2. 用 α 受体阻滞剂酚妥拉明后，再用拟肾上腺素药，血压有何变化，试述其原理。

实验八　呋塞米对家兔尿液的影响

一、实验学时

4 课时。

二、实验目的

1. 观察呋塞米对麻醉家兔的利尿作用。
2. 了解急性利尿的实验方法。

三、实验原理

呋塞米（furosemide）别名速尿、速尿灵、利尿灵、呋喃苯胺酸、利尿磺胺，为强效利尿剂，作用于肾脏肾小管髓袢升支粗段髓质及皮质部，抑制肾小管髓袢升支粗段 Na^+-K^+-$2Cl^-$ 的同向转运系统，抑制对 NaCl 的再吸收，导致肾脏稀释尿液功能和浓缩尿液功能均降低，利尿作用最强，故为高效利尿药。

本实验采用膀胱插管法或输尿管插管法，收集药前、药后尿液，通过比较药前、药后尿量及测定尿液中电解质含量，观察呋塞米的利尿作用。

四、实验耗材

1. 器材　兔箱，兔台，婴儿磅秤，注射器（1mL、5mL、10mL），头皮静脉注射器针头，绳子，螺旋夹，铁支架，棉线，纱布，剪毛剪，眼科剪，手术剪，解剖刀，止血钳，玻璃分针，镊子，气管插管，导尿管，量杯或者量筒（10mL、50mL）等。

2. 药品　3% 戊巴比妥钠溶液、1% 呋塞米注射液、生理盐水、液体石蜡。

3. 动物　健康家兔 1 只，体重 1.5～3kg。

五、实验内容

1. 插管、记录尿量

（1）膀胱插管法：将家兔以饮用水灌胃（40mL/只）并将其仰卧固定在兔台上，用 3% 戊巴比妥钠溶液 1mL/kg 行耳缘静脉注射。剪去其下腹部被毛，于耻骨联合上缘向上做约 5cm 切口，再沿腹白线剪开腹壁及腹膜，找出膀胱，从膀胱腹侧面避开血管做 1cm 长切口，插入导尿管，结扎固定。轻轻将膀胱连同导尿管回纳腹壁，并用生理盐水纱布覆盖伤口。用量杯收集并记录给药前 30min 总尿量。然后将实验小组家兔分为 2 组（单数为甲组、双数为乙组）。甲组实验者由家兔耳缘静脉注射药物 A 0.5mL，乙组实验者由家兔耳缘静脉注射药物 B 0.5mL，记录给药后 30min 总尿量，每隔 5min 收集尿液并记录一次尿量，连续 6 次，合并所收集尿液，再用比浊法分别测定给药前后尿液的 Na^+ 量的变化（药物 A、B 为 1% 呋塞米注射液、生理盐水，随机）。

（2）输尿管插管法：取家兔一只，灌胃、固定、麻醉同膀胱插管法。手术过程中寻找到膀胱后仔细寻找双侧输尿管做输尿管插管。给药、收集、记录尿量方法及步骤同膀胱插管法。

（3）经尿道插管法（适合雄性家兔）：取家兔一只，灌胃、固定、麻醉同膀胱插管法。将导尿管尖端用液体石蜡润滑后，自尿道慢慢插入导尿管，通过膀胱括约肌进入膀胱后即有尿液流出，再插入 1～2cm（共约 8cm）后，用胶带固定。给药、收集、记录尿量方法及步骤同膀胱插管法。

2. 结果统计与分析　将实验结果记入表 7-14 中。将结果汇总，计算不同时间尿量的均值，以药后尿量（mL/5min）为纵坐标，给药后不同时间为横坐标作直方图。

表 7-14 尿量记录表

动物编号	药前 30min 尿量（mL）	药物	药后尿量（mL/5min）					
			立即	0～5	5～10	10～15	15～20	20～25	25～30
		A:							
		B:							

六、注意事项

1. 灌胃、耳缘静脉注射操作要规范。
2. 膀胱回纳腹腔时切勿扭曲。

七、思考题

试述利尿药的种类，并比较各类利药尿的作用机制及临床用途。

实验九 胰岛素惊厥

一、实验学时

2 课时。

二、实验目的

了解胰岛素调节血糖水平的机能。

三、实验原理

胰岛素（insulin）是机体内唯一降低血糖的激素，同时促进糖原、脂肪、蛋白质合成。外源性胰岛素主要用来治疗糖尿病，开始胰岛素治疗后应继续坚持饮食控制和运动，并加强对患者的宣教，鼓励和指导患者进行自我血糖监测，以便于调整胰岛素剂量和预防低血糖，所有开始胰岛素治疗的患者都应该接受低血糖危险因素、症状和自救措施的教育。如果患者在治疗中注射胰岛素过量，会导致低血糖，中毒较轻时，主要影响自主神经系统，表现为饥饿、眩晕、苍白、软弱和出汗，也可有头痛、震颤、心前区不适，颜面和四肢麻木等症状。当血糖进一步降低时，影响中枢神经系统，出现发音障碍、复视、肌肉震颤、共济失调，随后出现神志昏迷和不同程度的惊厥，这种状态即所谓胰岛素休克，如不及时抢救，即可致死。治疗过程中应教会患者熟知此反应而随时保持警惕，一旦发生胰岛素惊厥及早摄食糕、饼、糖等食物以缓解低血糖症状，较重者应立即静脉注射 40mL 以上 50% 葡萄糖溶液，继以静脉滴注 10% 葡萄糖溶液直至患者恢复清醒状态。

四、实验耗材

1. 器材 电子天平、小鼠笼具、注射器（1mL）、透明观察瓶、秒表等。
2. 药品 胰岛素溶液（浓度为 2 国际单位 /mL，1 个国际单位 =0.03846mg 的标准人胰岛素所含的活性成分）、50% 葡萄糖溶液、0.1mol/L HCl 溶液、生理盐水、4% 苦味酸溶液（标记用）。酸性生理盐水及胰岛素溶液的配制见下。

（1）酸性生理盐水：将 10mL 0.1mol/L HCl 加入 300mL 生理盐水中，调至 pH 2.5～3.5。

（2）胰岛素溶液：用 pH 2.5～3.5 的酸性生理盐水配制胰岛素溶液，以 400 国际单位 /10mL 规格胰岛素为例，取 400 国际单位 /10mL 胰岛素 1mL，加入 pH 2.5～3.5 的酸性生理盐水配制成 20mL，即胰岛素溶液浓度为 2 国际单位 /mL。

3. 动物　8只小鼠，体重18～22g，实验前18～24h禁食不禁水，雄鼠。

五、实验内容

1. 将8只小鼠称重并记录其体重，随机分为甲组和乙组，每组各4只，观察正常小鼠的神态、姿势及活动情况并记录。

2. 甲、乙2组小鼠分别通过腹腔注射药物A、B，注射容积均为0.1mL/10g（药物A、B为胰岛素溶液2国际单位/mL、酸性生理盐水，随机）。

3. 将2组小鼠均置于30～37℃的环境中，并记录下时间，注意观察并比较2组小鼠的神态、姿势及活动情况。

4. 当小鼠物出现角弓反张、翻滚等惊厥反应时，记录下时间，且此时甲、乙组分别选择2只小鼠立即皮下注射50%葡萄糖溶液（0.1mL/10g）。

5. 比较甲组、乙组注射50%葡萄糖溶液的小鼠的活动情况，以及出现惊厥而未经抢救的小鼠的活动情况，并分析所得的结果。

6. 结果统计与分析。

（1）将实验结果记录在表7-15中。

表7-15　胰岛素惊厥实验结果记录表

组别	动物编号	体重(g)	正常神态、姿势及活动情况	注射药物A、B后小鼠神态、姿势及活动情况	惊厥出现时间	是否注射葡萄糖	注射葡萄糖后小鼠神态、姿势及活动情况
甲组 药物A:							
乙组 药物B:							
结论							

（2）分析药物A、B分别是什么药物，并分析胰岛素过量的危害及解救办法，将其填入表7-15结论部分。

六、注意事项

1. 动物在实验前必须饥饿18～24h，否则出现胰岛素惊厥的时间过长。

2. 一般来说雄鼠的抵抗力要强于雌鼠，所以在发生惊厥的时间上雌雄动物有所差异，且对雌鼠生命力影响因素较多，所以优先选择雄鼠。

3. 一定要用pH 2.5～3.5的酸性生理盐水配制胰岛素溶液。因为胰岛素在酸性环境中才有效应。

4. 如果配制的酸性生理盐水偏碱，可加入同样浓度的HCl溶液调整。

5. 注射了胰岛素的动物最好放在30～37℃环境中保温，夏天可为室温，冬天温度则应高一些，可到36～37℃。因温度过低动物胰岛素惊厥反应出现较慢。

七、思考题

1. 结合实际情况说明胰岛素临床应用的适用范围。
2. 结合实验结果说明胰岛素应用的注意事项及如何合理用药。

实验十　强心苷对离体蛙心的作用

一、实验学时

4 课时。

二、实验目的

1. 观察药物对离体蛙心的影响。
2. 了解离体蛙心的实验操作过程。

三、实验原理

强心苷（cardiac glycoside）具有直接加强心肌收缩力的作用，这一作用在衰竭的心脏表现特别明显，具有选择性。强心苷治疗剂量对其他组织器官无明显作用时，也能增强心肌收缩力。强心苷临床上主要用于治疗慢性心功能不全，此外又可治疗某些心律失常，尤其是室上性心律失常。

青蛙的心脏离体后，把含有任氏液的蛙心套管插入心室，用这种人工灌流的方法保持心脏新陈代谢的顺利进行，以维持蛙心有节律地收缩和舒张。通过生物信号处理系统，记录心脏搏动情况。本实验采用离体蛙心，观察强心苷的强心作用。

四、实验耗材

1. 器材　BL-410 智能型生物信息显示与处理系统、张力传感器、蛙板、探针（锥子）、手术器材、注射器、蛙心套管、蛙心夹、双凹夹、铁架、万能杠杆等。
2. 药品　西地兰、任氏液、低钙任氏液。
3. 动物　人工养殖青蛙或牛蛙 1 只。

五、实验内容

1. 离体蛙心的准备
（1）破坏其大脑、脊髓，将其仰位固定于蛙板上。
（2）剪开其胸廓、心包膜，暴露心脏，结扎右主动脉，于左主动脉穿线备用。
（3）于左主动脉剪一"V"形小口，将有任氏液的蛙心套管插入，并在心脏收缩时通过主动脉球，转向左后方插入心室，将管内带血任氏液吸出，换 2～3 次任氏液洗净余血，用上述备线结扎，轻提心脏，在静脉窦下方结扎其余血管，剪断，离体出心脏，用蛙心夹夹住心尖。

2. 实验装置的准备
（1）将离体蛙心与张力传感器连接。
（2）打开 BL-410 智能型生物信号显示与处理系统→输入信号或实验项目→循环实验（C）→蛙心灌流（1）。
（3）开始实验（此时启动自动记录）→速度调节为 4s/dir 或 8s/dir →记录正常曲线，张力调至 0.5～1g。注意实验过程不要随意点击记录的红色圆点，否则会中断记录。

3. 按下列顺序给药

（1）描记一段正常曲线，然后加药。

（2）西地兰（0.02～0.08mL）→冲洗3次→描记正常→低钙任氏液→西地兰→至出现中毒。

（3）要求：①西地兰逐滴加入直至有反应，观察对正常蛙心的影响。②造成心脏衰竭模型，观察西地兰的作用及中毒症状剂量（按滴数）。

4. 实验结束 单击"■"停止实验→输文件名→保存→反演→压缩→图形剪辑。

5. 相关内容设置（S） 实验标题（H）→实验人员（P）→实验相关数据（R）。

6. 打印设置 文件→打印预览（V）→4张/组→打印设置（R）→属性（P）→自定义（S）省墨→打印（P）→打印份数（C）。

7. 进行图形分析

六、注意事项

1. 蛙心套管一定要插入心室。切勿用力过大、插入过深，否则会损伤心肌。
2. 结扎静脉时，要远离静脉窦（心脏起搏点）。
3. 换液时，任氏液的量要恒定，注意避免空气进入心脏，加药时用吸管充分混匀。

七、思考题

1. 强心苷对心脏有什么作用？
2. 由实验结果分析强心苷的作用特点。

第八章 设计性实验

第一节 实验设计的基本知识

实验设计是实验研究计划和方案的制订,是研究工作的一个极其重要的环节,科研工作者在进行医药方面的科学研究之前,需要制定完善的统计研究设计方案。实验设计的意义在于能用比较经济的人力、物力和较少的时间,获得较为可靠的结果,使误差减至最低,还可以使多种处理因素包含在很少的几个实验中,达到高效的实验目的。

完善的设计方案不仅是实验过程的依据和处理结果的一个先决条件,也是使科研获得预期结果的一个重要保证。那么什么样的实验设计方案才称得上是完善的呢?一般来说,完善的实验设计方案需具备以下几个条件:实验所需的人力、物力和时间资源;实验设计的"三要素"和"六原则"均符合专业和统计学要求,对实验数据的收集、整理、分析等有一套规范的规定和正确的方法,而准确把握实验设计的"三要素"和"六原则",是科学实验设计的核心。

一、实验设计的"三要素"

1. 实验对象 实验所用的材料即为实验对象,如用小鼠做实验,小鼠就是本次实验的实验对象,或称为受试对象。实验对象选择的合适与否直接关系到实验实施的难度、实验成本以及别人对实验新颖性和创新性的评价。一个完整的实验设计中所需实验材料的总数称为样本含量,最好根据特定的设计类型估计出较合适的样本含量,样本过大或过小都不利于实验的开展和结果的评价。

2. 实验因素 所有影响实验结果的条件都称为实验影响因素,实验研究的目的不同,对实验的要求也不同。影响因素有客观与主观、主要与次要之分。研究者希望通过研究设计进行有计划的安排,从而能够科学地考查其作用大小的因素称为实验因素(如药物的种类、剂量、浓度、作用时间等);对评价实验因素作用大小有一定干扰性且研究者并不想考查的因素称为区组因素或重要的非实验因素(如动物的性别、体重等);其他未加控制的许多因素的综合作用统称为实验误差。最好通过一些预实验,初步筛选实验因素并确定取哪些水平较合适,以免实验设计过于复杂,实验难以开展实施。

3. 实验效应 实验因素取不同水平时在实验单位上所产生的反应称为实验效应。实验效应是反映实验因素作用强弱的标志,它必须通过具体的指标来体现。要结合专业知识,尽可能多地选用客观性强的指标,在仪器和试剂允许的条件下,应尽可能多选用特异性强、灵敏度高、准确可靠的客观指标。对一些半客观(比如读pH试纸上的数值)或主观指标(如对一些定性指标的判断),一定要事先规定读取数值的严格标准,只有这样才能准确地分析自己的实验结果,从而也大大提高了自己实验结果的可信度。

二、实验设计的基本原则

1. 对照原则 为避免非实验因素造成的干扰,应设立对照以消除无关因素。从实验组与对照组两组效应指标的数据差别中,发现实验因素的本质所在。对照有多种形式,可根据实验研究的目的和内容加以选择。

(1)空白对照:亦称正常对照、溶媒对照,对照组不加任何处理因素。如观察某降压药的作用时，实验组动物使用降压药，对照组动物不使用任何药物或使用溶媒作为对照，用以排除溶媒对实验结果的影响。

（2）**自身对照**：对照与实验在同一受试动物上进行。例如，用药前、后的对比，实验动物左、右、后足用药和不用药处理的对比，先用 A 药，后用 B 药的对比，均为自身对照。

（3）**相互对照**：又称组间对照。不专门设立对照组，而是几个实验组之间相互对照。例如用几种药物治疗同一种疾病，对比这几种药物的治疗效果，即为相互对照。

（4）**标准对照**：不设立对照组，实验结果与标准值或正常值对比。在动物实验中，采用较多的是前三种对照方式。

2. 随机原则　在将实验对象分配到各实验组或对照组时，实验个体的机会是均等的。如果在同一实验中存在数个处理因素（如先后观察数种药物的作用），则各处理因素施加顺序的机会也是均等的。通过随机化，尽量使抽取的样本能够代表总体，减少抽样误差；使各组样本的条件尽量一致，消除或减小组间人为的误差，从而使处理因素产生的效应更加客观，便于得出正确的实验结果。可运用随机数字表、随机排列表或运用计算机产生伪随机数实现随机化。

3. 可重复性原则　重复是指受试对象应具有一定的数量或在相同实验条件下必须做多次独立、重复实验。重复表现为样本含量的大小或实验重复次数的多少。在抽样中，随着样本含量的增大或重复次数的增加，抽样误差将逐渐减小。

4. 均衡原则　均衡原则也称为齐同原则，就是在相互比较的各组间（实验组与对照组间、实验组与实验组间），除了要研究的处理因素不一致外，其他因素要尽量一致。一个实验设计方案的均衡性好坏，关系到实验研究的成败，应充分发挥具有各种知识结构和背景的人的作用，群策群力，方可有效地提高实验设计方案的均衡性。在动物实验中，往往要求各组间动物的数量、种系、性别、年龄、体重、毛色等尽量一致，实验仪器、药品、时间等其他方面也应一致，这样才能有效减少实验误差。

5. 弹性原则　弹性原则是指决策者在决策活动中，特别是在实验方案、计划制订以及在时间分配上要留有适当余地，备有应急方案，以便适应客观事物可能出现的变化。只有这样才能富有弹性地实施实验计划，并不断地调整好自己的实验进度。

6. 最经济合理原则　不论什么实验，都有它的最优选择方案，这包括资金以及人力、时间的损耗，必要时可以预测自己实验的产出和投入的比值，这个比值越大越好，当然是以实验者所拥有的实验条件作基础的。

三、实验设计的内容

1. 题目　题目是实验设计的出发点和归结点，也是实验内容的集中体现，题目应简明扼要。

2. 实验者信息　包括实验者单位署名和联系方式。

3. 实验目的及意义　应简单说明为什么要进行本实验（目的），设计本实验的理论根据和实验依据（依据），与本课题相关的最新进展。本实验拟解决哪些问题，本实验的特点或创新点以及进行本实验的意义等。

4. 实验研究的内容和技术路线　将简要介绍实验的主要项目或内容及技术路线。

5. 材料与方法

（1）器材及药品：写明所需的动物、器材、仪器、药品及数量。

（2）方法与步骤：应详细写明实验的步骤，包括动物的处理、手术操作、刺激方式及记录方法、给药途径及用量等。

（3）观察指标：观察指标应明确可靠，易观察，重复性好。实验观察指标不宜过多。

（4）结果统计：将收集的数据进行统计，并写明用何种方法处理资料和数据。

6. 需说明的问题 可提出需要说明的有关问题。

7. 参考文献 列出主要的参考文献。

8. 经费预算 尽可能列出详细的预算，尤其是费用高的项目更应列出。

四、实验设计的注意事项

除遵循实验设计的基本原则外，还应注意以下事项。

1. 条件一致 在实验中待测因素本身的条件必须前后一致（例如电刺激的强度、频率、波宽，药物的剂量、剂型、给药途径、批号等），不能在实验过程中随意改变，以免一些未知因素干扰实验结果，给实验结果的分析带来困难。

2. 量效关系 如果待测的因素（或条件）与某种反应或实验结果间存在内在联系，则二者之间不仅表现出一般的因果关系，而且会表现出一定的量效关系。例如观察电刺激与肌肉收缩的关系时，就应测试不同刺激强度、不同刺激频率时肌肉的收缩反应；了解某一药物的作用时，则应观察不同药物浓度时的反应。量效关系可以是线性，也可是非线性；可以是正性的，也可是负性的。量效关系曲线常可提供一些有意义的线索。

3. 观察指标 是反映实验对象所发生的生理现象或病理现象的标志。指标分为计数指标和计量指标以及主观指标和客观指标等。所选定的指标，应符合下列基本条件：

（1）特异性：能特异地反映某一特定的现象，不致与其他现象相混淆。

（2）客观性：最好选用可用具体数值或图形表达的指标（如心电图、化验检查等）。因为主观指标易受主观因素的影响而造成较大的误差。

（3）重现性：能较真实地反映实际情况。重现性越高偏差越小。

（4）灵敏性：是测量结果准确的保证。

（5）可能性：尽量选用灵敏客观、切合本单位和研究者技术及设备实际的指标。

（6）有依据：现成指标必须有文献依据，自己创立的指标必须经过专门的实验鉴定。

4. 全程观察 由于待检因素的作用常常有一个时间过程，有快有慢，所以应观察实验的全过程。从每一次未加入待检因素之前的基础机能水平，一直观察到该因素引起的反应或变化结束；或从撤除被检因素后开始，一直观察到机能恢复正常为止。对作用时间较长的缓慢变化，可定时、间断性观察，要精确记录待检因素作用的时程变化，如开始的时间、出现变化的时间、恢复到正常水平的时间等。

5. 统计处理 实验结果常常受到实验动物本身的机能状况、环境条件等多方面的影响，实验结果的数据不可能完全一样。必须经过统计学处理，才能判定哪些差异是显著的。

五、探索性实验的组织实施

1. 布置任务 探索性或设计性实验一般安排在上实验课时进行，指导教师可提前 1～3 个月给学生讲解设计实验的目的和基本要求，介绍实验室的现有条件，包括现有实验动物、仪器、药品、器材等，以便使每个学生能利用课余时间进行充分准备。

2. 撰写设计 学生依据选题，写出实验设计方案。

3. 报告论证 对每人设计出的实验进行报告和论证，主要评估其实验设计是否合理，是否可行，还有哪些不足之处需要补充，然后选出一个优化方案，按优选的设计进行实验。

4. 实验准备 论证后，应根据确定的优选设计方案进行准备，包括实验动物、药品、器材等。

5. 实验实施　实验时，学生自己主持进行实验操作，指导教师作指导、观察和当"顾问"，在关键步骤上把好关，以免由于学生操作不熟练而造成整个实验的失败。

6. 实验总结　整理记录实验结果，分析实验数据，最后撰写实验报告或论文。

第二节　设计性实验

一、实验学时

8 课时。

二、实验目的

1. 充分调动学生的学习主动性、积极性和创造性，并将所学的基础医学知识应用于实验的选题与设计。

2. 创造性设计一种药理实验（包括动物的病理模型），在一定的实验条件和范围内，完成从实验设计到亲自动手操作全过程。

3. 在实验过程中，观察药物对实验动物的各种机能与代谢的影响，分析和掌握其发生的主要原因和机制，使学到的基础理论知识与实践的感性认识更好地结合。

4. 提高学生发现问题、分析问题、解决问题的能力和树立严谨的科学作风与创新精神。

三、实验原理

参考本章第一节内容。

四、实验耗材

1. 器材　生物信号处理系统（包含各种换能器，检测血压、呼吸、心电图、脉搏），722型分光光度计，离心机，普通天平，兔台，鼠台，铁支架，广口瓶，广口烧杯，三角烧杯，各种规格量筒，各种规格试管，各种规格注射器，常用手术器材，气管插管，三通管，固定针，动脉夹，秒表，软木塞，注射器等。

2. 药品　生理盐水等。

3. 动物　家兔、小鼠、大鼠等。家兔每组 2 只，小鼠或大鼠每组控制在 10 只左右。

注：实验动物应在上述几种动物中选择；实验耗材应尽可能在上述提供的品种范围内选择（可根据实验条件酌情增减），实验药品除了实验室基本药品供选择外，可根据实验需要提出其他药品，但如遇到无法及时购买的药品或试剂时，应及时调整实验内容。设计性实验论证通过后，及时向实验室提出所需动物、实验耗材与药品预算清单。

五、实验内容

1. 设计性实验的要求及分组

（1）树立良好的团队协作精神：在设计性实验中，学生将成为实验课的主角，通过实验仪器与动物的结合、专业的基础知识与实验实践相结合，尤其是提供了所学知识的纵向和横向扩展与创新的舞台，一定能激发出学生的实验创造性。所以，在实验过程中也希望学生能相互合作、彼此理解、取长补短，形成良好的团队精神，因为一个综合性、设计性实验不可能由一两个学生独立完成。另外，各小组间也要积极交流与沟通，良好配合，养成相互协作的精神。

（2）实验分组：设计性实验共分 5 个实验小组，每组 6～7 人。

（3）设计安排接点：实验的整个流程大致分为三个阶段，即选题和可行性论证、实验操作、结果分析。

1）选题和可行性论证：选题主要由学生利用课余时间查阅资料进行。开始时间安排由指导教师决定，各小组在各自指导教师帮助下完成初步的实验设计报告；大约2周后进行设计性实验的可行性论证。首先，对所选的实验课题进行形式审查（是否符合实验设计报告的书写格式）；然后，对实验课题的科学性、创新性和可行性进行论证。

2）实验操作：实验课时间为4学时（预实验和正式实验）。动物实验操作应尽可能在2～3小时内完成，其余时间可进行实验的结果初步整理、分析和讨论。实验操作一方面是对设计性实验的科学性和可行性进行检验，同时也是对学生能否独立完成实验的能力考验，以及发现问题、解决问题的能力检验。

3）结果分析：实验结束后，在写实验报告之前，认真完成实验结果的整理、归纳、统计和分析。完成的实验报告交给指导教师，由指导教师对整个设计实验打分，给出成绩。

2. 设计性实验完成的基本步骤

（1）立题：以实验小组为单位，根据已学的基础或近期将要学的知识，并利用图书馆或网络查阅相关的文献资料，了解国内外研究现状。经过实验小组集体思考、讨论确立一个既有科学性又有一定创新性的药理学实验题目。要注意动物实验方案不可过大和脱离现实条件，应强调其可操作性。确定选题后，由指导教师根据设计方案的目的性、科学性、创新性和可行性进行初审，然后与学生一起对实验方案进行论证。

（2）方案设计的内容与格式：每个实验小组在立题基础上，认真地按照规定的格式写出动物实验的设计方案。设计性实验方案的内容应详细且具有可操作性，具体的内容和格式要求如下。

1）题目、班级、设计者；

2）立题依据（实验的目的、意义、拟解决的问题和国内外研究现状）；

3）实验动物品种、性别、规格和数量；

4）实验耗材与药品（器材名称、型号、规格和数量，药品或试剂的名称、规格、剂型和使用量），包括特殊仪器与药品需要；

5）实验方法与操作步骤，包括实验的技术路线、实验的进程安排、每个研究项目的具体操作过程以及设立的观察指标和指标的检测手段；

6）观察结果的记录及表格制作；

7）预期结果；

8）可能遇到的困难和问题及解决的措施；

9）注明参考文献。

（3）实验准备：学生应根据实验的设计方案列出实验所需的动物、器材、药品的预算清单，在实验课前两周提交指导教师。对一些特殊药品或试剂应列出供应商公司的名称。

（4）预实验：按照实验设计方案和操作步骤认真进行预实验。在预实验过程中，学生要做好各项实验的原始记录。实验结束后，应及时整理实验结果，发现和分析预实验中存在的问题以及需要改进的地方，并向指导教师进行汇报。得到指导教师的同意之后，在正式实验时加以更正。如果指导教师认为预实验已基本达到目的和要求，即实验宣告结束。

（5）正式实验：按照修改的实验设计方案和操作步骤认真进行正式实验，并强化小组成员的协调与配合，力争实验成功。实验过程中，记录好实验的原始数据；实验结束后，及时整理、分析实验结果。

（6）实验结果讨论：各实验小组对实验数据进行归纳和统计处理，并简单汇报实验结果，并回答指导教师和其他学生提出的问题。

（7）书写实验报告。

（8）评分：依据每组设计性实验的科学性、先进性、创新性，实验完成的质量，以及每个学生在整个设计性实验过程中的具体表现（方案设计的参与程度、实验动手能力、实验报告的质量、回答问题的能力等）进行评分。

六、注意事项

1. 遵守实验室各项规章制度，不损坏仪器设备，爱护动物。
2. 自主设计实验在强调其先进性和创新性的同时，应注意可行性，切忌脱离现实条件。
3. 实验过程不得危害人体健康和污染环境。

七、思考题

设计性实验对医药工作的意义是什么？

第九章 临床用药案例讨论

案例一 呼吸系统临床用药案例分析及宣教能力训练

一、目的

1. 运用课堂所学的理论知识,对案例进行分析,强化学生对呼吸系统临床用药相关知识的理解,培养学生独立分析问题和解决问题的能力。

2. 通过案例分析让学生熟悉呼吸系统相关疾病用药的宣教知识,培养用药指导和用药咨询的能力。

二、准备

临床用药案例及具有多媒体设备的模拟教室。

三、案例分析

患者,男,48岁,反复发作性呼吸困难、胸闷、咳嗽2年,每年春季发作,症状可自行缓解。此次已发作1天,症状仍持续加重,听诊:双肺布满哮鸣音,心率89次/分,律齐,无杂音,诊断:支气管哮喘。

1. 推荐用药

(1)为迅速缓解该患者的呼吸困难、喘息症状,应给予何种药物?

(2)给予足量特布他林和氨茶碱治疗1天,病情无好转,呼吸困难加重,唇发绀,此时应采取什么治疗措施?

(3)应用足量解痉平喘药和糖皮质激素药等治疗均无效,患者呼吸浅快,神志模糊,血气分析结果为:动脉血氧分压(PaO_2)50mmHg,动脉血二氧化碳分压($PaCO_2$)70mmHg。此时应采取什么措施?

2. 学生分组,对临床用药案例进行讨论、分析,指导教师巡视指导,每组推选代表发言,最后由指导教师进行点评、总结。

3. 指导教师通过多媒体,向学生介绍支气管哮喘的基本治疗知识,并分组进行合理用药指导和宣教的模拟训练(患者与药师角色),最后每组推选代表登台表演。

四、实验思考

1. 支气管哮喘的急性发作期和慢性持续期的药物治疗有什么不同?

2. 如何对支气管哮喘患者进行用药注意事项的沟通?

案例二 消化系统临床用药案例分析及宣教能力训练

一、目的

1. 运用课堂所学的理论知识,对案例进行分析,强化学生对消化系统临床用药相关知识的理解,培养学生独立分析问题和解决问题的能力。

2. 通过案例分析让学生熟悉消化系统相关疾病用药的宣教知识,培养用药指导和用药咨询的能力。

二、准备

临床用药案例及具有多媒体设备的模拟教室。

三、案例分析

患者，男，61岁，因腹部急性疼痛半天，遂到医院就诊，医生开具处方如下：

定点医疗机构编码：00000000					
科别：消化内科　病历号：00001					2020年12月12日
姓名	×××	性别	男	年龄	61岁
临床诊断：急性胃炎	R: 1. 10%葡萄糖注射液 100mL×7支 + 注射用兰索拉唑 30mg×7支 　　Sig. 静脉滴注　每日1次 2. 甲氧氯普胺片 5mg×100片 　　Sig. 5mg　口服　每日1次 3. 多潘立酮片 10mg×42片 　　Sig. 10mg　口服　每日1次				
过敏试验：（一）					
					医师签名（盖章）：×××
金额：×××	审核/调配签名（盖章）：×××				核对/发药签名（盖章）：×××

1. 治疗用药分析

（1）分析处方中注射用兰索拉唑、甲氧氯普胺片、多潘立酮片分别为哪类药物，其使用目的是什么？

（2）分析处方中的药物选择及用法用量是否合理。

（3）分析注射液的配制是否合理。

2. 学生分组，对临床用药案例进行讨论、分析，指导教师巡视指导，每组推选代表发言，最后由指导教师点评、总结。

3. 指导教师通过多媒体，向学生介绍各类消化系统药物的基本知识，并分组进行合理用药指导和宣教的模拟训练（患者与药师、医生角色），最后每组推选代表登台表演。

四、实验思考

1. 甲氧氯普胺片和多潘立酮片的相同点和不同点分别是什么？
2. 处方中患者使用多潘立酮片，应如何对其进行用药注意事项的指导？

案例三　心血管系统临床用药案例分析及宣教能力训练

一、目的

1. 运用课堂所学的理论知识，对案例进行分析，强化学生对心血管系统相关临床用药相关知识的理解，培养学生独立分析问题和解决问题的能力。

2. 通过案例分析让学生熟悉心血管系统相关疾病用药的宣教知识，培养用药指导和用药咨询的能力。

二、准备

临床用药案例及具有多媒体设备的模拟教室。

三、案例分析

1. 案例一 患者，57岁，患有冠状动脉粥样硬化性心脏病（以下简称冠心病），并行经皮冠脉介入术（PCI）植入一枚支架，咨询门诊药师，问：①医生给我诊断为冠心病，给我开了些阿司匹林、氯吡格雷，并叮嘱我一定要坚持服药不能停药，但我服用一周后，老觉得胃里不舒服，火烧火燎的疼，请问我这是怎么回事？ ②这些药物需要服用多久？③在用药期间我还需要注意些什么吗？

（1）治疗用药分析：

1）分析阿司匹林、氯吡格雷属于何种类型药物，医生开具这两种药的目的是什么？

2）为何将阿司匹林和氯吡格雷联用，它们的用药目的和用药时长有什么相同点和不同点？

3）分析患者服药后产生不良反应的原因。

4）针对两药的不良反应，应如何回答患者提出的用药时长及注意事项，并给出相应的用药建议。

（2）学生分组，对临床用药案例进行讨论、分析，指导教师巡视指导，每组推选代表发言，最后由指导教师点评、总结。

（3）指导教师通过多媒体，向学生介绍PCI术后治疗药物的基本知识，并分组进行合理用药指导和宣教的模拟训练（患者与药师角色），最后每组推选代表登台演示。

2. 案例二 患者，男性，62岁，有急性心肌梗死病史，经治疗好转后，停药月余，昨夜突发剧咳而憋醒，不能平卧，咳粉红色泡沫样痰，烦躁不安，心率132次/分，血压142/89mmHg，两肺有小水泡音。诊断：急性左心衰竭、心源性哮喘。

（1）治疗用药分析：

1）根据患者疾病特点可选用什么药物进行治疗？

2）若患者检查后发现还伴有低钾血症，应如何进行药物选择？

（2）学生分组，对案例进行讨论、分析，指导教师巡视指导，每组推选代表发言，最后由指导教师点评、总结。

（3）指导教师通过多媒体，向学生介绍慢性心功能不全伴心源性哮喘治疗药物的基本知识，并分组进行合理用药指导和宣教的模拟训练（患者与药师角色），最后每组推选代表登台表演。

（4）思考：

1）治疗慢性心功能不全的药物有哪些？

2）针对患者病情，急需给予的药物有哪些，为什么？

3. 案例三 患者，男，48岁，近日感觉头痛、头晕、心悸、眼花、耳鸣、失眠、乏力等症状，血压为167/103mmHg。

（1）疾病分析及治疗用药分析：

1）根据患者病情的临床表现，可诊断为几级高血压？

2）根据1）中的诊断结果，可优先选用的治疗药物有哪些？

3）检查之后发现，患者血清K^+水平为5.8mmol/L，此时治疗用药选择应注意什么？

（2）学生分组，对临床用药案例进行讨论、分析，指导教师巡视指导，每组推选代表发言，最后由指导教师点评、总结。

（3）指导教师通过多媒体，向学生介绍高血压及降压药的基本知识，并分组进行合理用药指导和宣教的模拟训练（患者与药师角色），最后每组推选代表登台演示。

（4）思考：

1）治疗高血压的一线药物有哪些？

2）每类一线降压药的主要不良反应有哪些？针对本案例，如何进行用药注意事项的沟通？

案例四　抗菌药物临床用药案例分析

一、目的

1. 运用课堂所学的理论知识，对案例进行分析，强化学生对抗菌药物相关知识的理解，培养学生独立分析问题和解决问题的能力。

2. 通过案例分析让学生熟悉抗菌药物知识，培养用药指导和用药咨询的能力。

二、准备

临床用药案例及具有多媒体设备的模拟教室。

三、案例分析

1. 案例一　患者，男，62岁，4日前咳嗽、咳痰严重，且近2日浑身发痒，遂至医院就诊，诊断：肺部感染、急性荨麻疹。头孢曲松皮试（−）。用药如下：0.9%氯化钠注射液100mL+注射用头孢曲松钠1.0g 每8小时静脉滴注1次；5%葡萄糖注射液100mL+10%葡萄糖酸钙注射液20mL+地塞米松注射液5mg 每日1次，以上药物均静脉滴注3天。

（1）治疗用药分析：

1）分析处方中的药物选择及用法、用量是否合理。

2）分析注射液的配制是否合理。

（2）学生分组，对临床用药案例进行讨论、分析，指导教师巡视指导，每组推选代表发言，最后由指导教师点评、总结。

（3）指导教师通过多媒体，向学生介绍头孢类抗生素以及激素类药物的基本知识，并分组进行合理用药指导和宣教的模拟训练（患者与药师角色），最后每组推选代表登台演示。

（4）思考：

1）头孢类抗生素是否需要做皮试，为什么？

2）头孢曲松钠与哪些常见抗菌药物注射液存在配伍禁忌？

2. 案例二　患者，女，53岁，患有心脏疾病多年，长期使用华法林片。近2日咳嗽、咳痰且伴有高热不退，遂到医院就诊，诊断：肺部感染、心房颤动。用药如下：5%葡萄糖注射液100mL+头孢哌酮舒巴坦1.5g 1次/日，连续4天；华法林3mg×100片/瓶 3mg 1次/日。

（1）治疗用药分析：

1）分析处方中的药物选择及其用法用量是否合理。

2）华法林的使用应注意些什么？

（2）学生分组，对临床用药案例进行讨论、分析，指导教师巡视指导，每组推选代表发言，最后由指导教师点评、总结。

（3）指导教师通过多媒体，向学生介绍头孢类抗生素药物使用的基本知识，并分组进行合理用药指导和宣教的模拟训练（患者与药师角色），最后每组推选代表登台演示。

（4）思考头孢哌酮的结构特点与药理作用的关系是什么。

3. 案例三 患者，男，70岁，76kg，因"咳嗽、咳痰6年，加重2周"入住感染科，诊断：慢性阻塞性肺疾病急性加重期（AECOPD）。肌酐值为427.9μmol/L（正常肌酐值为53～133μmol/L）。近期痰培养+药敏提示：抗甲氧西林金黄色葡萄球菌（MRSA），用药如下：0.9%氯化钠注射液100mL+注射用盐酸万古霉素0.5g 静脉滴注（每分钟60滴）1次/日。

（1）治疗用药分析：

1) 分析处方中的药物用法、用量是否合理。

2) 根据患者特点，万古霉素的使用应注意些什么？

（2）学生分组，对临床用药案例进行讨论、分析，指导教师巡视指导，每组推选代表发言，最后由指导教师点评、总结。

（3）指导教师通过多媒体，向学生介绍糖肽类抗生素使用的基本知识，并分组进行合理用药指导和宣教的模拟训练（患者与药师角色），最后每组推选代表登台演示。

（4）思考万古霉素的药理作用、临床应用及用药注意事项分别是什么。

4. 案例四 患者，女，32岁，到医院咨询：根据末次月经推算，目前已怀孕第二胎第7周，第一胎于2015年出生，曾于1个月前因上呼吸道感染连续3天静脉滴注盐酸左氧氟沙星注射液0.4g，患者自行查阅说明书后发现该药有致畸作用，向药师咨询注射此药后是否会影响胎儿。

（1）分析本案例用药存在的安全隐患。

（2）学生分组，对临床用药案例进行讨论、分析，指导教师巡视指导，每组推选代表发言，最后由指导教师点评、总结。

（3）指导教师通过多媒体，向学生介绍喹诺酮类抗菌药物的基本知识，并分组进行合理用药指导和宣教的模拟训练（患者与药师角色），最后每组推选代表登台演示。

（4）思考：

1) 如何判定药物致畸的可能性？

2) 该患者后续需采取何种措施？

案例五 抗肿瘤药物临床用药案例分析及宣教能力训练

一、目的

1. 运用课堂所学的理论知识，对案例进行分析，强化学生对抗肿瘤药物相关知识的理解，培养学生独立分析问题和解决问题的能力。

2. 通过案例分析让学生熟悉抗肿瘤药物知识，培养用药指导和用药咨询的能力。

二、准备

临床用药案例及具有多媒体设备的模拟教室。

三、案例分析

一名多发性骨髓瘤的老年男性患者，就出院时医生开具的药物，询问药师相关的不良反应，需要药师解释并回答相关问题。该患者情绪非常激动地问："我患了多发性骨髓瘤了，医生给我开了沙利度胺片，您能告诉我这是什么药吗？我女儿说有人服用沙利度胺片曾经出现过很严重的不良反应,是什么反应呢?对我有什么影响?会不会病没有治好,吃药反而吃坏了?"

(1)临床用药分析

1)沙利度胺片在本案例中的使用是否合理。

2)沙利度胺片可能导致的严重不良反应是什么?

(2)学生分组,对临床用药案例进行讨论、分析,指导教师巡视指导,每组推选代表发言,最后由指导教师点评、总结。

(3)指导教师通过多媒体,向学生介绍抗肿瘤药物的相关基本知识,并分组进行合理用药指导和宣教的模拟训练(患者与药师角色),最后每组推选代表登台演示。

(4)思考沙利度胺的药理作用、临床应用及用药注意事项分别是什么。

下篇 习题指导

第一章 药物效应动力学

一、综合分析选择题

患者,男,50 岁。患胃溃疡数年,近日发作加剧,胃部疼痛、泛酸、食欲不振且餐后腹胀,就医后,医生给予抗酸药氢氧化铝片口服治疗。

1. 氢氧化铝片用于治疗胃溃疡是药物的何种作用（ ）
A. 预防作用　　　　B. 诊断作用
C. 全身作用　　　　D. 局部作用
E. 吸收作用

2. 患者用药后出现了便秘的症状,属于（ ）
A. 副作用　　　　　B. 毒性反应
C. 变态反应　　　　D. 后遗效应
E. 停药反应

3. 若患者用药约半小时后,感头晕心慌,继之全身皮肤发生散在性斑疹块,痒甚,并有微微灼烧感。此症状属于（ ）
A. 副作用　　　　　B. 毒性反应
C. 变态反应　　　　D. 后遗效应
E. 停药反应

患者,男,25 岁,因感染就医,医生给予链霉素进行治疗,连续用药 20 天后出现听力下降现象。停链霉素几周后,听力仍未见恢复。

4. 这种现象属于药物的（ ）
A. 停药反应　　　　B. 毒性反应
C. 变态反应　　　　D. 后遗效应
E. 副作用

5. 药物的作用具有两重性,是指（ ）
A. 治疗作用和副作用
B. 治疗作用和不良反应
C. 预防作用和治疗作用
D. 预防作用和诊断作用
E. 对因治疗和对症治疗

患者,女,46 岁。突然摔倒在地,意识完全丧失且出现全身抽搐的症状,送医后诊断为强直阵挛性癫痫发作。

6. 医生给予口服苯妥英钠进行治疗,每次 100mg,每日 3 次,患者自觉效果不明显,擅自增加到每日 4 次,一周后,患者出现共济失调、头痛、精神错乱,就诊后医生认为这些症状与血药浓度过高有关,此现象为药物的（ ）
A. 副作用　　　　　B. 蓄积中毒
C. 变态反应　　　　D. 后遗效应
E. 停药反应

7. 患者用药后出现行为改变、笨拙、步态不稳的症状,但停药这些症状很快就消失了。此种症状属于药物的（ ）
A. 副作用　　　　　B. 蓄积中毒
C. 变态反应　　　　D. 后遗效应
E. 停药反应

患者,女,18 岁,因腹部绞痛到医院就医,诊断为肠痉挛,医生立即为患者注射阿托品注射液 1mg,给药后症状减轻并逐渐消失,但患者出现皮肤潮红、口唇干燥、鼻腔干燥等不适症状。

8. 患者用药后出现的不适症状属于药物的（ ）
A. 变态反应　　　　B. 三致反应
C. 继发反应　　　　D. 停药效应
E. 副作用

9. 患者用药后出现的反应通常是在什么样的用药剂量下出现（ ）
A. 极量　　　　　　B. 半数致死量
C. 最小有效量　　　D. 治疗量
E. 半数有效量

10. 临床上常用药物治疗量是指（ ）
A. 有效量　　　　　B. 最大效应量
C. 半数有效量　　　D. 最小有效量
E. 阈剂量

二、案例分析

20 世纪 30 年代初美国流行药物减肥,在美国、欧洲部分国家、巴西等国家许多妇女使用含有 2,4-二硝基酚成分的药物作为减肥药。到 1937 年,人们发现这些国家的白内障患者大量增加,调查发现这些患者均使用过含 2,4-二硝基酚成分的"减肥药"。2,4-二硝基酚致白内障失明占总用药人数的 1%,致骨髓抑制 177 人,死亡 9 人。

1. 2,4-二硝基酚致白内障失明、骨髓抑制以及死亡属于药物的什么反应?
2. 俗话说"是药三分毒",药物作用的两重性是什么?请具体说明。
3. 药物发挥作用的主要机制包括非受体和受体途径,请简述药物作用的非受体途径。

第二章 药物代谢动力学

一、综合分析选择题

患者,女,36岁,因青霉素过敏并发休克入院。入院后医生立即使用肾上腺素对其进行抢救。

1. 此案例中肾上腺素应采用什么方式给药?( )
A. 口服给药　　　B. 注射给药
C. 舌下给药　　　D. 呼吸道给药
E. 直肠给药

2. 一般来说,肾上腺素最常用的给药方式是( )
A. 口服给药　　　B. 注射给药
C. 舌下或直肠给药　D. 呼吸道给药
E. 皮肤或黏膜给药

3. 根据上述选择,本案例中肾上腺素所采用的给药方式在体内不经过( )
A. 吸收　　　　　B. 分布
C. 代谢　　　　　D. 生物转化
E. 排泄

患者,男,65岁,因心绞痛发作入院,医生给予硝酸甘油片治疗,并要求采用舌下含服的方式,嘱咐患者用药后半小时内不得喝水。

4. 采用舌下含服给药方式的原因是( )
A. 减轻毒性　　　B. 减少不良反应
C. 防止产生耐受性　D. 减轻胃肠刺激性
E. 避免首关消除

5. 药物进入体内首要经历吸收、分布、代谢及排泄的过程,下列哪个因素不影响药物分布( )
A. 药物与血浆蛋白结合　B. 体液的pH
C. 器官血流量　　　D. 胃排空速度
E. 组织的亲和力

结核是由结核分枝杆菌感染引起的一种慢性传染病,潜伏期4~8周,其中80%发生在肺部,异烟肼是结核临床首选治疗药物,规范性治疗结核时必须联合使用利福平、乙胺丁醇、链霉素等其他抗结核药物。

6. 联合使用利福平、乙胺丁醇、链霉素等其他抗结核药物的原因是( )
A. 减少对胃肠道的刺激
B. 减轻不良反应
C. 增强疗效并防止或延缓耐药性的产生
D. 促进药物的代谢
E. 降低药物的毒性

7. 药物在肝脏进行代谢,且必须在酶的催化下进行,肝药酶的特点是( )
A. 专一性高,酶活性有限,个体差异大
B. 专一性高,酶活性很强,个体差异大
C. 专一性高,酶活性很高,个体差异小
D. 专一性低,酶活性有限,个体差异小
E. 专一性低,酶活性有限,个体差异大

患者,17岁,因药物中毒入院。抢救中医生发现当碱化尿液时,药物肾清除率小于肾小球滤过率(药物排泄减慢),酸化尿液时则相反。

8. 该药物可能是( )
A. 非解离型　　　B. 弱酸性
C. 弱碱性　　　　D. 半衰期短
E. 半衰期长

9. 药物排泄的最主要器官是( )
A. 肝脏　　　　　B. 肺脏
C. 胰腺　　　　　D. 肾脏
E. 胆囊

10. 尿液pH对弱酸性药物排泄的影响是( )
A. pH降低,解离度增大,重吸收减少,排泄加速
B. pH增高,解离度增大,重吸收增多,排泄减慢
C. pH增高,解离度增大,重吸收减少,排泄加速
D. pH降低,解离度增大,重吸收增多,排泄减慢
E. pH增高,解离度变小,重吸收减少,排泄加速

二、案例分析

患者,女,26岁,就医时自述有剧烈的咽痛,吞咽时咽痛明显,患者畏惧疼痛,不敢做吞咽动作,疼痛可放射至耳部,诊断:急性扁桃体炎。医生给予复方磺胺甲噁唑进行治疗。

1. 医生告知患者首次剂量加倍服用,何为首次剂量加倍?其目的是什么?

2. 药物在体内发挥效应后均需一定时间才能排泄至体外，其时间长短与药物半衰期密切相关，何为药物的半衰期？其临床意义是什么？

第三章 影响药物效应的因素

一、综合分析选择题

患者，男，45岁，因车祸入院，医生给予哌替啶止痛，连用3天，停药后患者出现烦躁不安、流涕、流泪、出汗、恶心、呕吐、惊厥等戒断症状。

1. 案例中戒断症状表明此人对哌替啶产生了（　　）
   A. 毒性反应　　　　B. 耐药性
   C. 副作用　　　　　D. 成瘾性
   E. 耐受性
2. 哌替啶属于（　　）
   A. 麻醉药品　　　　B. 精神药品
   C. 毒性药品　　　　D. 兴奋剂
   E. 精神疾病治疗药品
3. 下列药物属于精神药品的是（　　）
   A. 可待因　　　　　B. 海洛因
   C. 咖啡因　　　　　D. 美沙酮
   E. 芬太尼

新生儿特别是早产儿大量应用氯霉素后，出现循环衰竭，呼吸急促，皮肤苍白、发绀，称为灰婴综合征。

4. 灰婴综合征的产生属于影响药物因素中哪方面因素（　　）
   A. 年龄因素　　　　B. 性别因素
   C. 遗传因素　　　　D. 病理状态
   E. 精神因素
5. 下列哪一项不是影响药物效应因素中的药物方面因素（　　）
   A. 剂量因素　　　　B. 剂型因素
   C. 给药途径　　　　D. 个体差异
   E. 给药时间
6. 下列哪一项不是影响药物效应因素中的机体方面因素（　　）
   A. 特异质反应　　　B. 精神因素
   C. 病理状态　　　　D. 种族差异
   E. 给药次数

患者，女，65岁，长期服用地西泮治疗顽固性失眠，开始每晚2.5mg即可入睡，一年后每晚服用15mg仍不能入睡。

7. 该患者的情况是产生了（　　）
   A. 耐受性　　　　　B. 耐药性
   C. 成瘾性　　　　　D. 依赖性
   E. 继发反应
8. 在化学治疗中，病原体或肿瘤细胞对药物敏感性降低称为（　　）
   A. 耐受性　　　　　B. 耐药性
   C. 成瘾性　　　　　D. 依赖性
   E. 继发反应

二、案例分析

患者，女，43岁，因风湿性心脏病伴慢性心功能不全入院，住院后给予氢氯噻嗪和地高辛治疗，心悸、气短明显好转，但在第3天出现食欲不振、恶心、呕吐、眩晕、头痛，并逐渐出现面色苍白、出冷汗、四肢无力的症状。第5天出现心律失常、脉搏减弱。经诊断，患者为地高辛中毒。由此可见两种或两种以上药物联合使用时，因相互作用可引起药物效应和毒副作用的变化。

1. 影响药物效应的因素有哪些？
2. 药物相互作用可产生什么结果？请举例说明。

第四章 传出神经系统药理学概论

案例分析

患者，女，39岁，双眼睑下垂1年，四肢无力3个月，加重1周。患者1年前无明显诱因出现双上睑下垂，明显早晨症状加重，休息后缓解，劳累后加重。就诊于当地医院，查体：体温36.2℃，血压110/75mmHg，脉搏75次/min，呼吸20次/min，双侧咬肌及颞肌力可，双上肢肌力Ⅴ级，双下肢肌力Ⅳ级，肌张力可。诊断：重症肌无力。给予溴吡斯的明60mg/次，每日3次，强的松10mg早1次治疗。治疗后患者双眼睑下垂好转，3个月前出现四肢无力，双下肢自觉沉重，走路多时明显。1周前四肢无力加重，不愿下地走路，有轻微吞咽困难。调整治疗方案为：给予溴吡斯的明120mg/次，每日4次，强的松20mg/次，早1次治疗。

1. 溴吡斯的明治疗重症肌无力的机制是什么？
2. 如何根据患者临床症状及传出神经系统药物的作用特点选择药物？

第五章 胆碱受体激动药和胆碱受体阻滞药

一、综合分析选择题

患者，女，49岁，因左眼剧烈疼痛、头痛、恶心、呕吐，急诊来院。检查：左眼明显睫状出血，角膜水肿，前房浅，瞳孔中度开大，呈竖椭圆形，眼压升高为40.3mmHg。房角镜检查：左眼房角关闭。诊断：左眼闭角型青光眼急性发作。

1. 该患者应立即给何种药治疗（　　）
 A. 毛果芸香碱　　　　B. 新斯的明
 C. 阿托品　　　　　　D. 肾上腺素
 E. 去甲肾上腺素

2. 该治疗药物不具有的药理作用是（　　）
 A. 腺体分泌增加　　　B. 胃肠道平滑肌收缩
 C. 心率减慢　　　　　D. 骨骼肌收缩
 E. 眼内压减低

3. 该治疗药物属于下列哪一类药物（　　）
 A. 利尿药　　　　　　B. 高血压药
 C. M胆碱受体激动药　 D. 调节麻痹药
 E. 胃肠解痉药

患儿，男，5岁，烦躁多动约4小时，急诊入院。入院前5小时，曾与家人一同上山游玩，游玩过程中该患儿采摘野果吃，家人未注意。查体：手脚乱动、走路不稳、谵妄、躁动不安、全身皮肤潮红、干燥（以面颊部最为明显）、瞳孔散大、对光反射消失，心率140次/min，体温升高。诊断：曼陀罗中毒。

4. 患儿宜选用下述何种药物治疗（　　）
 A. 毛果芸香碱　　　　B. 阿托品
 C. 氯解磷定　　　　　D. 吗啡
 E. 哌替啶

5. 该药用于抢救的主要原因是（　　）
 A. 激动M、N胆碱受体，对抗曼陀罗阻断受体
 B. 阻断M、N胆碱受体，对抗曼陀罗激动受体
 C. 激动M胆碱受体，对抗曼陀罗阻断受体
 D. 激动N胆碱受体，对抗曼陀罗阻断受体
 E. 抑制胆碱酯酶

患者，女，25岁，2小时前因与家人发生争吵，口服敌敌畏40mL，大约10min后出现呕吐、大汗，随后昏迷，急送入院。检查：呼吸急促（35次/min），血压142/101mmHg，心律失常，肠鸣音亢进，双侧瞳孔1～2mm，胸前有肌颤，血清胆碱酯酶（ChE）活力为30%。

6. 患者入院后，除洗胃治疗外，还应立即注射何种药物抢救（　　）
 A. 氯丙嗪　　　　　　B. 普萘洛尔
 C. 阿托品　　　　　　D. 毛果芸香碱
 E. 新斯的明

7. 上述治疗药物的禁忌证是（　　）
 A. 支气管哮喘　　　　B. 中毒性休克
 C. 青光眼　　　　　　D. 心动过速
 E. 心肌炎

8. 上诉药物对有机磷酸酯类中毒的哪一症状无效（　　）
 A. 腹痛腹泻　　　　　B. 流涎出汗
 C. 骨骼肌震颤　　　　D. 瞳孔缩小
 E. 小便失禁

9. 使胆碱酯酶复活的药物是（　　）
 A. 阿托品　　　　　　B. 氯解磷定
 C. 毛果芸香碱　　　　D. 新斯的明
 E. 毒扁豆碱

10. 使胆碱酯酶复活的药物对有机磷中毒的哪一症状缓解最快（　　）
 A. 大小便失禁　　　　B. 视物不清
 C. 骨骼肌震颤及麻痹　D. 血压下降
 E. 中枢神经兴奋

11. 有机磷酸酯类中毒时，M样症状产生的原因是（　　）
 A. 胆碱能神经递质释放增加
 B. M胆碱受体敏感性增强
 C. 胆碱能神经递质破坏减少
 D. 直接兴奋M受体
 E. 抑制ACh摄取

患者，男，45岁，1小时前因右侧腰背部剧烈疼痛，难以忍受，出冷汗，自服镇痛片不见好转，急来院门诊。尿常规检查：可见红细胞。B型超声波检查：右侧肾结石。诊断：肾结石引起的肾绞痛。

12. 患者宜用何药止痛（　　）
 A. 阿托品+阿司匹林　B. 哌替啶
 C. 阿托品+哌替啶　　 D. 新斯的明+哌替啶
 E. 阿司匹林

患者，女，56岁。因手术需要进行蛛网膜下腔阻滞麻醉，在麻醉过程中出现心率过缓。

13. 应使用何种药物处理（　　）
 A. 阿托品　　　　　　B. 毛果芸香碱
 C. 新斯的明　　　　　D. 异丙肾上腺素

E. 肾上腺素

14. 该药用药过量急性中毒时,可用下列何药治疗（　　）
 A. 山莨菪碱　　　　　B. 毛果芸香碱
 C. 东莨菪碱　　　　　D. 氯解磷定
 E. 去甲肾上腺素

　　患者,女,30岁,因十二指肠溃疡急性穿孔后进行彻底的溃疡手术,术后出现尿潴留。

15. 宜选用下述何种药物进行治疗（　　）
 A. 毛果芸香碱　　　　B. 新斯的明
 C. 毒扁豆碱　　　　　D. 阿托品
 E. 其余选项

16. 该药属于何类药物（　　）
 A. M 受体激动药　　　B. N_2 受体激动药
 C. N_1 受体激动药　　D. 胆碱酯酶抑制剂
 E. 胆碱酯酶复活剂

17. 该药的适应症不包括（　　）
 A. 重症肌无力　　　　B. 腹气胀
 C. 尿潴留　　　　　　D. 房室传导阻滞
 E. 阵发性室上性心动过速

　　患者,男,43岁,双眼睑下垂5～7天,逐渐加重,近一两天四肢活动无力,晨起轻下午重,休息后减轻,活动后加重,肌张力降低。诊断:重症肌无力。

18. 对该患者最好用哪种药物治疗（　　）
 A. 毛果芸香碱　　　　B. 毒扁豆碱
 C. 新斯的明　　　　　D. 阿托品
 E. 加兰他敏

19. 该药的作用机制是（　　）
 A. 抑制胆碱酯酶
 B. 直接激动骨骼肌运动终板上的 N_2 受体
 C. 促进运动神经末梢释放 ACh
 D. A+B
 E. A+B+C

　　患者,女,32岁,产科分娩二胎后出现尿潴留,实施热敷、按摩、听流水声等措施,但仍存在不能自解小便的情况。

20. 该患者应选用下列何种药物治疗（　　）
 A. 毒扁豆碱　　　　　B. 阿托品
 C. 新斯的明　　　　　D. 毛果芸香碱
 E. 山莨菪碱

21. 该药的禁忌证是（　　）
 A. 青光眼
 B. 阵发性室上性心动过速
 C. 重症肌无力　　　　D. 机械性肠梗阻
 E. 尿潴留

　　患者,女,12岁,因视力问题在暑假期间去医院检查。医生诊断为近视,并给予散瞳药,嘱其1滴/次,1次/日,3天后来医院验光检查。验光结束后一周,患者仍觉看书看不清楚,且畏光。

22. 推测应用的是哪种药物散瞳（　　）
 A. 毛果芸香碱　　　　B. 新斯的明
 C. 氯解磷定　　　　　D. 阿托品
 E. 异丙托溴铵

23. 该药物对眼睛的作用是（　　）
 A. 散瞳、升高眼内压和调节麻痹
 B. 散瞳、降低眼内压和调节麻痹
 C. 散瞳、升高眼内压和调节痉挛
 D. 缩瞳、降低眼内压和调节痉挛
 E. 缩瞳、升高眼内压和调节痉挛

　　患者,男,35岁。因腹泻引起肠道刺激导致剧烈绞痛,不能忍受,故来院门诊,医生决定给予口服解痉药物治疗。

24. 下列最适合的药物是（　　）
 A. 东莨菪碱　　　　　B. 阿托品
 C. 毛果芸香碱　　　　D. 新斯的明
 E. 山莨菪碱

25. 该药作用于何受体（　　）
 A. M 受体　　　　　　B. N_1 受体
 C. N_2 受体　　　　　D. α_1 受体
 E. β_2 受体

二、案例分析

　　患者,女,36岁,昏迷1小时。患者1小时前因误服不明药液后出现腹痛、恶心、呕吐,呕吐物有刺激性臭蒜味,逐渐神志不清,故来院急诊。查体:体温36.5℃,心率61次/min,呼吸35次/min,血压126/80mmHg,神志不清,呼之不应,压眶上有反应,巩膜不黄,瞳孔缩小(双侧瞳孔1～2mm)、对光反射弱,口腔流涎,皮肤湿、出汗多,肌肉颤动,心界不大,心律齐,腹平软,下肢未见水肿,大小便失禁。辅助检查:血红蛋白126g/L,白细胞$7.4×10^9$/L,中性粒细胞0.68,淋巴细胞0.3,血小板$156×10^9$/L,血清胆碱酯酶活力30%。

1. 上述案例患者出现何种问题,为什么?
2. 简要说明抢救的措施或方法。

　　患者,男,60岁。因双眼眼胀、视力减退、头痛、头晕来就诊,经检查,诊断为双眼闭角型青光眼,立即给予滴眼治疗,10min 后起效,同时患者诉双眼视远物不清,2h 后消失,经检查双眼眼压降低。

3. 上述滴眼睛药物是什么,简要概述该药物治疗青光眼的机理?

第六章 肾上腺素受体激动药和肾上腺素受体阻滞药

一、综合分析选择题

患者,女,56 岁。10 年来劳累后心悸、气短,既往患风湿性关节炎,近日因劳累病情加重,心慌、气喘、咯血、不能平卧急诊入院。查体:慢性重病容,心率 83 次/min,血压 102/73mmHg,心率 121 次/min。诊断:风湿性心脏病,二尖瓣狭窄,主动脉狭窄及主动脉瓣关闭不全,心房颤动,心功能不全Ⅱ级。医生给予强心苷治疗,但该患者在使用强心苷治疗的过程中,心率突然减为 50 次/min。

1. 此时应选用下列哪项治疗药物（ ）
 A. 异丙肾上腺素　　B. 去甲肾上腺素
 C. 肾上腺素　　　　D. 间羟胺
 E. 多巴胺

2. 该治疗药物主要作用于下列哪种受体（ ）
 A. 多巴胺受体　　B. α 受体
 C. β 受体　　　　D. M 受体
 E. N 受体

3. 该治疗药物不产生下列哪种作用（ ）
 A. 血管扩张　　　B. 正性肌力
 C. 心律失常　　　D. 收缩支气管黏膜血管
 E. 抑制过敏介质释放

4. 该治疗药物不能用于治疗下列哪一状况（ ）
 A. 支气管哮喘　　B. 心源性哮喘
 C. 休克　　　　　D. 心搏骤停
 E. 房室传导阻滞

5. 该治疗药物的不良反应是（ ）
 A. 引起肾衰,少尿或无尿
 B. 中枢兴奋,失眠　　C. 心悸,心动过速
 D. 恶心呕吐　　　E. 诱发支气管哮喘

患者,男,近日因患咽炎需用抗生素治疗,故注射青霉素,注射青霉素后 1min,患者突然出现呼吸急促、面部紫绀、心率 130 次/min、血压 60/40mmHg。

6. 此时应用的抢救药物是（ ）
 A. 地塞米松 + 去甲肾上腺素
 B. 地塞米松 + 多巴胺
 C. 曲安西龙 + 异丙肾上腺素
 D. 地塞米松 + 肾上腺素
 E. 地塞米松 + 山莨菪碱

7. 该主要抢救药物的药理作用是通过（ ）
 A. 直接激动 α、$β_1$、$β_2$ 受体
 B. 主要激动 α 受体,微弱激动 β 受体
 C. 激动 α、β、DA（多巴胺）受体
 D. 直接拮抗 α、$β_1$、$β_2$ 受体
 E. 主要激动 β 受体

患儿,男,5 岁。因发热、咽痛哭闹 2 天,今由母陪同就医。诊断:急性扁桃体炎。给青霉素等治疗。皮试(-)。注射青霉素后,患儿刚走出医院约 5m,顿觉心里不适,面色苍白,冷汗如注,其母立即抱该患儿返回医院,测血压 50/30mmHg。

8. 该患儿出现的不良反应是由什么原因引起（ ）
 A. 感染加重　　　B. 青霉素过敏
 C. 赫氏反应
 D. 去甲肾上腺素引起的局部组织坏死
 E. 青霉素脑病

9. 此时用于抢救的首选药物是（ ）
 A. 地塞米松　　　B. 肾上腺素
 C. 去甲肾上腺素　D. 酚妥拉明
 E. 多巴胺

10. 对于抢救药物说法错误的是（ ）
 A. 增加心输出量　　B. 降低外周阻力和血压
 C. 松弛支气管平滑肌　D. 抑制过敏物质的释放
 E. 减轻支气管黏膜水肿

患者,女,32 岁,因肝硬化门静脉高压、呕血、黑便入院,诊断:上消化道出血。

11. 此患者可用何药止血（ ）
 A. 去甲肾上腺素　　B. 肾上腺素
 C. 间羟胺　　　　　D. 麻黄碱
 E. 异丙肾上腺素

12. 该治疗药物治疗上消化道出血时的给药方法是（ ）
 A. 稀释后口服　　B. 皮下注射
 C. 静脉滴注　　　D. 静脉注射
 E. 肌内注射

13. 该治疗药物的常用给药方法是（ ）

A. 口服 B. 皮下注射
C. 静脉滴注 D. 静脉注射
E. 肌内注射

14. 该治疗药物作用最明显的器官是（　　）
A. 眼睛 B. 心血管系统
C. 支气管平滑肌 D. 胃肠道和膀胱平滑肌
E. 腺体

患者，男，62岁，因肺炎、感染中毒性休克急诊住院。立即给予青霉素和去甲肾上腺素静脉点滴，治疗中发现点滴局部皮肤苍白、发凉，患者述说该部位疼痛。

15. 该患者出现的不良反应是由什么原因引起（　　）
A. 去甲肾上腺素引起的局部组织坏死
B. 青霉素过敏 C. 赫氏反应
D. 感染加重 E. 青霉素脑病

16. 此时应给的药物治疗是（　　）
A. 酚妥拉明 B. 吗啡
C. 普萘洛尔 D. 阿托品
E. 利多卡因

17. 该治疗药物的使用方法是（　　）
A. 静脉注射 B. 口服
C. 局部浸润 D. 肌内注射
E. 皮下注射

患者，女，38岁，因肝硬化门静脉高压而引起食管静脉曲张破裂出血，经缩血管药物治疗后缓解。但患者出现雷诺现象、下肢缺血等药物的副作用。

18. 该患者应选用下列何种药物对抗（　　）
A. 阿托品 B. 间羟胺
C. 普萘洛尔 D. 肾上腺素
E. 酚妥拉明

19. 治疗药物的作用机制为（　　）
A. 阻断β受体 B. 阻断M受体
C. 局部麻醉作用 D. 全身麻醉作用
E. 阻断α受体

患儿，男，5岁，在河边玩时与小伙伴打闹不慎落水，被目击者救起送往医院，心跳、呼吸已停止，全力抢救。

20. 在进行全力抢救措施时，最好在心室内注射何种药物（　　）
A. 去甲肾上腺素 B. 麻黄碱
C. 肾上腺素 D. 阿托品
E. 多巴胺

21. 该抢救药物抢救的机制是（　　）
A. 阻断α_1受体 B. 阻断β_1受体
C. 兴奋β_1受体 D. 兴奋β_2受体
E. 兴奋多巴胺受体

二、案例分析

患者，女，因畏寒、发热、咽痛2天，诊断为急性扁桃体炎。自行购买阿莫西林胶囊治疗，服用阿莫西林胶囊20min后，患者皮肤瘙痒，随后觉心慌、面色苍白、冷汗如注，测血压50/30mmHg，脉搏130次/min。诊断：青霉素过敏性休克。立即给予地塞米松等药物治疗。

1. 抢救过敏性休克的首选药物是什么？抢救药物的抢救机理是什么？
2. 过敏性休克的抢救措施及治疗药物使用需要注意的问题分别是什么？

患者，女，56岁。原患有肺水肿和喘息性支气管炎6年，无药物过敏史。自述平时血压正常，约125/83mmHg，心率67次/min左右，窦性心律，无房室传导阻滞。因双眼视物模糊去某医院眼科就诊，经检查被诊断为双眼闭角型青光眼。医生开具0.5%噻吗洛尔滴眼液，滴眼，2次/日，每次1滴。患者于第二天早晨首次使用0.5%噻吗咯尔滴眼液，自点双眼各1滴，约20min患者感觉胸闷，呼吸困难，口唇紫绀、表情苦痛。几分钟后，患者面色灰暗，不能说话，张口呼吸，继而晕倒在地。经医生检查：患者双侧瞳孔散大，对光反应消失；叹息状呼吸2～3次/min；脉搏不能触及，心音随之消失，血压测量不到。立即实施抢救，给予吸氧、人工呼吸和胸外心脏按压等措施，但仍因抢救无效，不幸死亡。

3. 该治疗方案是否正确？为什么？

患者，男，65岁，因原发性高血压、冠状动脉粥样硬化性心脏病，3年来一直服用倍他洛克（美托洛尔）和消心痛（硝酸异山梨酯）。经多年服用药物，血压趋于稳定，控制在128/80mmHg左右。患者认为多用药物对身体不利，于是擅自停用了美托洛尔。停药1周后，患者突然心悸、心慌、胸闷憋气，继而失去知觉，昏迷不醒。待到救护车送至医院时，患者心电图已示一条直线，不幸去世。医生告知家属，这是患者擅自突然停用美托洛尔导致的后果。

4. 为什么突然停用美托洛尔会引起上述情况？该后果属于药物不良反应哪种类型？

5. 使用美托洛尔一类的药物应如何停用？
6. 美托洛尔的临床用途是什么，禁忌证有哪些？

第七章　局部麻醉药

一、综合分析选择题

患者，男，左手食指针刺样疼痛，局部肿胀，苍白，诊断：化脓性指头炎，拟在局部麻醉（局麻）下施行手术切开引流。

1. 局麻药产生局麻作用的机理是（　　）
A. 促进 K^+ 外流　　　B. 阻滞 Cl^- 内流
C. 阻滞 Ca^{2+} 内流　　D. 促进 Ca^{2+} 内流
E. 阻滞 Na^+ 内流
2. 局麻药在该患者炎症组织中（　　）
A. 作用增强　　　　B. 作用减弱
C. 易被灭活　　　　D. 不受影响
E. 无麻醉作用
3. 预防局麻药中毒的措施不包括（　　）
A. 最低有效局麻药浓度
B. 加入微量肾上腺素（指、趾末节手术禁用）
C. 麻醉前应用镇静药
D. 减小局麻药用量
E. 加快注药速度

二、案例分析

患者，男，大学生，21岁，身高183cm，体重80kg，因"摔伤后左腕部疼痛伴活动受限5小时"入院。患者5小时前打篮球不慎摔倒，摔倒时左侧手掌着地，当时即感左腕部剧烈疼痛，伴左腕关节畸形，活动受限。门诊拟以"左桡骨远端骨折"收住入院。经过询问，患者平素健康状况良好，否认高血压、心脏病史，否认糖尿病、脑血管疾病、精神疾病史，否认手术、外伤、输血史，否认食物、药物过敏史。

查体：体温36.7℃，心率73次/min，呼吸18次/min，血压136/72mmHg。神志清楚，查体合作。全身皮肤黏膜无黄染，浅表淋巴结未触及肿大，心、肺无明显异常。左前臂远端软组织肿胀，局部皮下淤血，压痛明显，桡骨远端触及骨擦感伴反常活动。腕关节因疼痛不能活动，拇指背伸无力，皮肤感觉稍减退。

辅助检查：心电图、胸部X线正常。左腕关节正侧位X线提示左桡骨远端骨折。

实验室检查：血常规、肝肾功能、凝血功能正常。

初步诊断：左桡骨远端骨折。
拟行手术：左桡骨骨折切开复位内固定术。
术前准备：患者入室后，行心电监护，血压136/73mmHg，心率72次/min。缓慢注入0.5%盐酸利多卡因注射液+0.5%盐酸罗哌卡因注射液20mL。推药过程中每注入5mL药液回抽一次，均无血无气，同时一直和患者交流观察其反应。在上臂内侧腋窝下皮下注射2%盐酸利多卡因注射液3mL。实施阻滞后约2min，与患者交谈，患者自述看东西不清楚，并咬字不清，紧接着患者出现四肢抽搐、翻白眼，心电图显示窦性心动过速，心率140次/min。

1. 简述局麻药的分类及其代表药物？
2. 引起局麻药中毒反应的原因有哪些？
3. 局麻药中毒反应的临床表现有哪些？

第八章　全身麻醉药

综合分析选择题

患者，男，12岁，35kg，拟行斜视矫正术。麻醉诱导用丙泊酚60mg，琥珀胆碱25mg，由于肌肉松弛差，首次插管困难，再次静脉推注琥珀胆碱后插管成功。一个半小时后发现患儿皮温增高，直肠温度达41.5℃。诊断：恶性高热。经过询问，患者爷爷曾因手术高热，抢救无效死亡。

1. 恶性高热是指（　　）
A. 血清谷草转氨酶升高　B. 无尿
C. 心律失常　　　　　　D. 血压低
E. 无法解释的心动过速、呼吸增快、出汗、发绀和钠石灰过热
2. 丙泊酚麻醉的特点是（　　）
A. 有明显的镇痛、肌肉松弛作用
B. 对呼吸、循环影响轻微
C. 可出现锥体外系症状
D. 肝肾毒性大
E. 苏醒迅速而完全，持续输注后无蓄积
3. 丙泊酚应慎用于（　　）
A. 颅高压患者　　　B. 哮喘史患者
C. 有精神病、癫痫病患者
D. 非住院患者　　　E. 老年患者

患儿，5岁，因龋齿严重，故来院就诊，医生建议在全身麻醉（全麻）下一次性完成治疗修复，患儿家属担心全麻对孩子有影响，医生

解释麻醉为吸入式麻醉。
4. 吸入性麻醉药的作用机制是（　　）
A. 溶于神经细胞膜脂质，影响其生物膜功能
B. 作用于脑干上行激活系统
C. 作用于中枢特异性受体
D. 作用于痛觉传入神经
E. 作用于痛觉中枢
5. 吸入性麻醉药的描述不正确的是（　　）
A. 不易通过血-脑脊液屏障
B. 在血液中的量与药物血气分配系数有关
C. 除氧化亚氮外脂溶性均很高
D. 要经肺泡以原型排泄
E. 吸收速度与肺通气量、吸入气体中药物浓度有关
6. 临床上常用的吸入性麻醉药是（　　）
A. 异氟醚　　　　　　B. 丙泊酚
C. 水合氯醛　　　　　D. 硫喷妥钠
E. 普鲁卡因

第九章　镇静催眠药

一、综合分析选择题

患者，女，34岁，因长期感觉惊恐，医生开具处方：盐酸阿米替林片75mg，口服，2次/日。患者近日因工作压力过大，受到上级的谩骂，惊恐发作加重，每周发作4~5次。经住院后治疗，被诊断为焦虑症。治疗用药：劳拉西泮片1mg，口服，1次/日；盐酸帕罗西汀片10mg，口服，2次/日；阿米替林50mg，口服，2次/日，逐渐减量至停用。

1. 劳拉西泮属于哪类药物（　　）
A. 苯二氮䓬类药物镇静催眠药
B. 非苯二氮䓬类药物镇静催眠药
C. 巴比妥类镇静催眠药
D. 抗惊厥药物　　　E. 抗精神失常药物
2. 上述种类药物不具有的作用是（　　）
A. 镇静、催眠　　　B. 抗焦虑
C. 麻醉作用　　　　D. 抗惊厥
E. 抗癫痫作用
3. 上述种类药物急性中毒时，选用的解毒药物是（　　）
A. 氟马西尼　　　　B. 尼可刹米
C. 山梗菜碱　　　　D. 卡马西平
E. 甲丙氨酯

患者，女，58岁，患焦虑症、失眠，伴有腰肌劳损、肌强直等表现，今来院就诊。
4. 应选下列哪种药物治疗焦虑症失眠（　　）
A. 地西泮　　　　　B. 司可巴比妥
C. 水合氯醛　　　　D. 苯巴比妥
E. 氯氮䓬
5. 该治疗药物抗焦虑作用的主要部位是（　　）
A. 中脑网状结构　　B. 下丘脑
C. 边缘系统　　　　D. 大脑皮层
E. 纹状体
6. 该治疗药物不用于（　　）
A. 焦虑症或焦虑性失眠
B. 麻醉前给药　　　C. 高热惊厥
D. 癫痫持续状态　　E. 诱导麻醉
7. 关于该治疗药物的不良反应，下列叙述错误的是（　　）
A. 治疗量可见困倦等中枢抑制作用
B. 治疗量口服可产生心血管抑制
C. 大剂量服用引起共济失调等现象
D. 长期服用可产生依赖性和成瘾性
E. 久用突然停药可产生戒断症状如失眠

患者，女，34岁，职业教师，患癫痫大发作3年余，某日大发作后持续处于惊厥、全身肌肉强直、抽搐昏迷状态，诊断：癫痫持续状态。
8. 宜选用下列何种药治疗（　　）
A. 口服地西泮　　　B. 口服氯硝西泮
C. 静脉注射地西泮　D. 口服劳拉西泮
E. 口服氯氮䓬
9. 该治疗药物急性中毒时，选用的解毒药物是（　　）
A. 氟马西尼　　　　B. 尼可刹米
C. 山梗菜碱　　　　D. 卡马西平
E. 甲丙氨酯

二、案例分析

患儿，男，5岁，入秋以来患儿断续发热，但无用药，自行退热，近日患儿发热头痛，今因高热就诊于附近诊所，诊所医生曾给予"注射用头孢曲松钠"肌内注射。2小时前，该患儿突发抽搐2次，但间歇期间神志清楚。20min前，患儿哭闹，头向后仰翘，呈典型的角弓反张状。诊断：细菌感染性发热、高热惊厥，立即给予地西泮静脉注射，惊厥症状即停，但患儿出现呼吸浅慢、脉细速、心率减慢等症状。

1. 患儿可能出现了什么情况？
2. 此时应如何处理？
3. 应用地西泮时的注意事项是什么？

第十章 抗癫痫药及抗惊厥药

一、综合分析选择题

患者，男，28岁，癫痫病史12年，每年发作9～14次。因持续抽搐、神志不清3小时入院。患者3小时前劳累后频繁抽搐，抽搐时神志不清，双眼上视，口吐白沫，咬破舌头，四肢强直、阵挛，小便失禁，持续5～10分钟后自行缓解。

1. 该患者拟学习驾驶汽车，建议内容不应该包括（　　）
A. 若癫痫已有1年无发作可以参加学习，如有发作不能学习
B. 若已确定癫痫在3年中只在睡眠时发作而无觉醒发作可以参加学习，如有白天发作不能学习，因癫痫发作具有突然性，不利于安全驾驶
C. 患者绝不可驾大货车或大轿车等车辆及运营车辆，以免发作造成严重后果
D. 患者不要在抗癫痫药物撤药期间开车，而应于撤药后3个月后再开车
E. 若出现晕厥，不应从事驾驶或操作机械等工作

2. 该患者心电图检查发现患者有房室传导阻滞，不能采用哪个药物治疗（　　）
A. 托吡酯　　　　　B. 卡马西平
C. 丙戊酸钠　　　　D. 苯妥英钠
E. 左乙拉西坦

3. 该癫痫患者服用抗癫痫药最切忌（　　）
A. 用药剂量过小　　B. 联合使用两种药物
C. 只在睡前服
D. 选择药物价格较高的药物
E. 服药不规则或突然停药

患者，男，37岁，因胡言乱语，精神亢奋，突发肢体抽搐1天入院。查体：神志清，双侧瞳孔等大。四肢肌力、肌张力尚可。病理征阴性。磁共振成像（MRI）示左侧颞叶占位性病变。入院第2天（6月20日）于全麻下行开颅肿物切除术，术后生命体征平稳。6月26日停用静脉抗癫痫药，改用口服丙戊酸钠片，于当晚8时出现癫痫持续状态。医嘱：苯巴比妥钠注射液100mg，肌内注射，每6小时1次；利培酮片1mg，口服，2次/日；丙戊酸钠片200mg，口服，2次/日；即刻静脉注射地西泮注射液10mg；甘露醇注射液125ml，静脉注射，每8小时1次；氯化钠注射液+丙戊酸钠注射液800mg，静脉注射，24小时持续泵入。

4. 患者使用丙戊酸钠需定期监测下列哪项指标（　　）
A. 肾功能　　　　　B. 肝功能
C. 电解质　　　　　D. 微量元素
E. 肌酶

5. 癫痫持续状态首选的治疗药物是（　　）
A. 地西泮　　　　　B. 硫喷妥钠
C. 苯巴比妥　　　　D. 苯妥英钠
E. 水合氯醛

6. 上述首选药物的最佳给药途径是（　　）。
A. 静脉注射　　　　B. 口服
C. 肌内注射　　　　D. 皮下注射
E. 静脉点滴

患者，女，19岁，2年前某晚睡眠过程中突然大叫一声，双眼上翻、四肢强直，伴咬舌、尿失禁，呼之不应，当时吓坏家人，但5～6分钟后清醒，家人自认为没事。但患者本人自觉头痛，全身疼痛。2年内有3次类似发作，事后不能回忆。

7. 下列哪一种诊断最可能（　　）
A. 癔症发作　　　　B. 强直阵挛性癫痫发作
C. 部分复杂性癫痫发作
D. 失神癫痫发作　　E. 晕厥发作

8. 癫痫用药的原则中正确的是（　　）
A. 因多在夜晚发作，用药可以集中在入睡前
B. 一药使用足够剂量和时间后仍无效，可考虑换药
C. 口服药剂量自高剂量开始，保证控制住病情，如不能控制病情，可换药
D. 发作在完全控制一年后可考虑终止治疗
E. 终止治疗时可一次停用抗癫痫药

9. 除下列哪一个药物外，其余全是抗癫痫的一线治疗药物（　　）
A. 苯妥英钠　　　　B. 丙戊酸钠
C. 卡马西平　　　　D. 氯硝西泮
E. 苯巴比妥

10. 癫痫患者使用抗癫痫药物后出现牙龈增生，可能引起该反应的抗癫痫药物是（　　）
A. 卡马西平　　　　B. 苯巴比妥

C. 丙戊酸钠　　　　　D. 水合氯醛
E. 苯妥英钠

患者，女，29岁，8年前出现发作性四肢抽搐、强直，伴咬舌，呼之不应，每次持续4～5min，伴意识丧失，口吐白沫，大小便失禁，神经系统体检未见明显异常，一周前感冒，发烧，3天来每15～30min抽搐一次，意识欠清，体温38.9℃。

11. 患者最可能的诊断是（　　）
A. 强直阵挛性癫痫发作
B. 复杂部分性癫痫发作
C. 癫痫持续状态　　　D. 癫痫性脑病
E. 高热抽风

12. 治疗不正确的是（　　）
A. 保持呼吸道通畅
B. 口服苯妥英钠，迅速控制发作
C. 防治脑水肿，给20%甘露醇
D. 控制感染应用抗生素
E. 维持水电解质平衡，对症治疗

患者，女，40岁，4年前曾患脑炎，近3个月来经常发作，出现虚幻感，看到有蝙蝠或蛇等讨厌动物出现，扑打过程中砸坏东西，几分钟后才知什么也没有，诊断：复杂部分性癫痫发作（精神运动性）。

13. 该患者可选用哪种药物治疗（　　）
A. 氯丙嗪　　　　　B. 卡马西平
C. 地西泮　　　　　D. 碳酸锂
E. 苯妥英钠

14. 该治疗药物的不良反应不包括（　　）
A. 视物模糊，复视　B. 变态反应
C. 史蒂文斯-约翰逊综合征
D. 红斑狼疮样综合征　E. 齿龈增生

患者，女，28岁，妊娠40周，临产时突感头痛、恶心，相继发生抽搐，查血压为164/110mmHg，下肢浮肿。

15. 对此患者最适用哪种治疗药物（　　）
A. 地西泮　　　　　B. 水合氯醛
C. 苯巴比妥钠　　　D. 硫酸镁
E. 硫喷妥钠

16. 用该治疗药物注射，突然血压过低50/30mmHg，应当立即给静脉注射哪种药物（　　）
A. 去甲肾上腺素　　B. 氯化钙
C. 麻黄素　　　　　D. 多巴胺
E. 碳酸锂

二、案例分析

患者，女，22岁，因出现发作性四肢抽搐、强直，伴咬舌，呼之不应，每次持续4～5min，伴意识丧失，口吐白沫，大小便失禁，每月发作2～3次，遂来院就诊，诊断：全身性强直阵挛性癫痫发作。医生予以苯妥英钠治疗。开始用药剂量为早晨200mg、下午400mg，共口服3天，第4天早晨测定苯妥英钠的血药浓度为12μg/mL，无癫痫发作，也无不良反应。此后仅在睡前服用400mg。1周后，苯妥英钠的血药浓度达19μg/mL，仍无癫痫发作，也无不适主诉，但在侧视时可见轻微眼球震颤。3周后，患者主诉视物双影，感觉像喝醉了酒走路不稳，并出现明显眼颤，苯妥英钠的血药浓度达25μg/mL。

1. 医生采用苯妥英钠治疗该患者是否正确，为什么？
2. 为什么该患者出现"感觉像喝醉了酒走路不稳，并出现明显眼颤"的症状？
3. 接下来要如何治疗？

患者，女，23岁，复杂部分性癫痫发作，服用卡马西平600mg/d治疗，控制良好。近日因咳嗽、咽痛、低热，来院就诊。诊断：肺炎链球菌引起的咽炎。青霉素过敏试验（+），故用红霉素治疗，处方为：红霉素肠溶片0.25g 3次/日 口服，其间抗癫痫药物并未增减药量，维持治疗。

患者服用红霉素肠溶片3天后，上呼吸道感染症状减轻，但出现眩晕、复视，伴恶心、呕吐。

4. 该治疗方案是否合理，为什么？

患者，女，20岁，癫痫病史10年，每年发作10～15次，发作时持续抽搐伴有神志不清，今已经发作4h入院。抽搐时神志不清，双眼上视，口吐白沫，咬破舌头，四肢强直、阵挛，小便失禁，持续4～8min后自行缓解。患者4h前劳累后频繁抽搐，神志不清。医生预给予抗癫痫药物治疗。

5. 在使用抗癫痫药过程中应注意什么？

第十一章　抗精神失常药

一、综合分析选择题

患者，女，29岁，企业总裁助理，经常睡眠不佳，感觉疲乏无力，与家人和同事交流甚少，3个月前工作效率明显下，领导曾找其谈话，近日无明显诱因出现自言自语，有时独自狂笑，有时对空谩骂等症状，疑心重，情绪低落，认为自己被逼迫和跟踪，曾报警寻求保护，睡眠差，实验室检查未发现异常。

1. 该患者最可能出现的疾病是（　　）
　A. 焦虑症状　　　　　B. 抑郁发作
　C. 双相障碍　　　　　D. 精神分裂症
　E. 分裂情感性精神障碍

2. 该患者在应用某治疗药物治疗后症状缓解，但出现停经和泌乳现象，该治疗药物最可能是（　　）
　A. 阿立哌唑　　　　　B. 奥氮平
　C. 富马酸喹硫平　　　D. 匹莫齐特
　E. 利培酮

3. 该不良反应发生最有可能的原因是（　　）
　A. 对下丘脑结节漏斗系统多巴胺受体的阻滞作用所致
　B. 对中脑前额皮层边缘系统多巴胺受体的阻滞作用所致
　C. 对黑质纹状体系统多巴胺受体的阻滞作用所致
　D. 对外周多巴胺受体的阻滞作用所致
　E. 阻滞中枢5-羟色胺（5-HT）受体

　　患者，女，43岁，1年前离婚，随后心情低落，对很多事情失去兴趣，早醒，食欲低下，体重下降，诊断：抑郁症。医生予以氟西汀20mg/d治疗。1个月前患者感觉已恢复正常，遂自行停药，近一周症状反复，再次到医院就诊。

4. 以下药物不能立刻换用或加用的是（　　）
　A. 吗氯贝胺　　　　　B. 舍曲林
　C. 西酞普兰　　　　　D. 艾司西酞普兰
　E. 帕罗西汀

5. 停用氟西汀后需间隔多长时间才能换用问题4的药物（　　）
　A. 1周　　　　　　　　B. 2周
　C. 3周　　　　　　　　D. 4周
　E. 5周

6. 问题4的药物属于哪一类抗抑郁药（　　）
　A. 5-HT选择性重摄取抑制剂（SSRI）
　B. 5-HT及去甲肾上腺素重摄取抑制剂
　C. 去甲肾上腺素能及特异性5-HT能抗抑郁药
　D. 三环类抗抑郁药
　E. 单胺氧化酶抑制剂

7. 患者回家服用氟西汀20mg/d，1天后，想快速控制症状，自行将剂量增至60mg/d，患者可能不会出现的症状是（　　）
　A. 嗜睡　　　　　　　B. 焦虑
　C. 肌无力　　　　　　D. 躁狂
　E. 锥体外系反应

8. 患者在确认氟西汀20mg/d疗效欠佳时，应在医生的指导下，经过多长时间将药量逐渐加量（　　）
　A. 3～4天　　　　　　B. 3～4周
　C. 5～6周　　　　　　D. 7～8周
　E. 5～6天

9. 氟西汀的药物属于哪一类抗抑郁药（　　）
　A. 5-HT选择性重摄取抑制剂
　B. 5-HT及去甲肾上腺素重摄取抑制剂
　C. 去甲肾上腺素能及特异性5-HT能抗抑郁药
　D. 三环类抗抑郁药
　E. 单胺氧化酶抑制剂

　　患者，男，30岁，因患精神分裂症常年服用氯丙嗪，症状好转，但近日来出现肌肉震颤、动作迟缓、流涎等症状，诊断：氯丙嗪引起的帕金森综合征。

10. 针对上述不良反应应采取何药治疗（　　）
　A. 苯海索　　　　　　B. 金刚烷胺
　C. 左旋多巴　　　　　D. 卡比多巴
　E. 溴隐亭

11. 氯丙嗪治疗精神分裂症时最常见的不良反应是（　　）
　A. 体位性低血压　　　B. 过敏反应
　C. 内分泌障碍　　　　D. 锥体外系反应
　E. 消化系统症状

12. 氯丙嗪引起上述不良反应是由于阻断（　　）
　A. 结节漏斗通路中的D_2受体
　B. 黑质纹状体通路中的D_2受体
　C. 中脑边缘系中的D_2受体
　D. 中脑皮质通路中的D_2受体
　E. 中枢M胆碱受体

13. 长期应用氯丙嗪的患者停药后易出现（　　）
　A. 帕金森综合征　　　B. 静坐不能
　C. 迟发性运动障碍　　D. 急性肌张力障碍
　E. 体位性低血压

14. 氯丙嗪抗精神病的作用机制是阻断（　　）
　A. 中枢α肾上腺素能受体
　B. 中枢β肾上腺素能受体

C. 中脑边缘和中脑皮质通路 D_2 受体
D. 黑质纹状体通路中的 $5-HT_1$ 受体
E. 结节漏斗通路的 D_2 受体

15. 不属于氯丙嗪临床用途的是（　　）
A. 精神分裂症　　　　B. 人工冬眠疗法
C. 药物引起的呕吐　　D. 晕动病引起的呕吐
E. 低温麻醉

二、案例分析

患者，女，25 岁，2 周前诞下一名女婴，因夫家重男轻女，导致患者心情郁闷，最近性情大变，动不动就与家人发脾气，乱摔东西，严重的是患者总想趁家人不注意打、掐孩子。担心会发生意外，现在家人都不敢让患者接触孩子，这样一来，患者情绪更加失落，无心其他，甚至忽略个人卫生，蓬头垢面，凶吼他人，夜间失眠症状，食欲不佳。家人遂带她到医院检查，在就诊过程中患者一直哭泣，但体格检查、血压、血液生化及甲状腺功能均正常，妊娠检查阴性，医生诊断为产后抑郁症，并给予氟西汀治疗，并要求其做心理治疗。

1. 氟西汀的作用机制是什么？
2. 氟西汀最常见的不良反应是什么？

患者，女，19 岁，大一学生。该患者高二时被诊断为精神分裂症，用利培酮片等药物治疗后，精神症状改善。上大学后，因害怕别人知道她服抗精神病药物、有精神病史后会对她有偏见，遂自行停药。患者停药不久，出现失眠、多疑等症状，认为有人在她宿舍安装了监视器监视她，认为自己所有的活动都在别人的监视中。为此，常常半夜里打开手电筒在宿舍里照来照去，看房间里是否有监视器，同宿舍同学认为患者的行为影响了大家的休息。患者却觉得这是同学是和她过不去，对同学态度差，认为老师也对她不好，认为别人都是针对她，不能安心学习，学习成绩一落千丈。患者老师看其精神状态不好后，通知其父母。患者在其父母要求下去医院就诊。患者既往身体健康，无特殊遭遇事件。

精神检查：有被害妄想，有思维被洞悉感，觉得自己想什么别人都会知道，有被监视感，紧张、情绪激动，否认自己患病，不配合治疗。

经过检查，患者被诊断为精神分裂症，用氯丙嗪等药物治疗及心理治疗 3 个月后，上述症状消失。

3. 抗精神病药利培酮有哪些特点？
4. 氯丙嗪抗精神病的机制是什么？服用氯丙嗪后会有哪些不良反应？

第十二章　镇 痛 药

一、综合分析选择题

患者，女，35 岁，近 3 年来经常暴饮暴食，体重持续上升，最近工作繁忙经常熬夜，3 日前上腹绞痛发作后伴持续性钝痛，疼痛剧烈时放射到右肩及腹部，并有恶心、呕吐、腹泻等症状，故来院就诊，被诊断为胆石症、慢性胆囊炎。

1. 患者除应用解痉药物以外还应选用（　　）
A. 吗啡　　　　　　B. 罗通定
C. 芬太尼　　　　　D. 喷他佐辛
E. 美沙酮

2. 不属于上述治疗药物的适应证是（　　）
A. 术后镇痛　　　　B. 人工冬眠
C. 心源性哮喘　　　D. 麻醉前给药
E. 支气管哮喘

3. 与上述治疗药物的镇痛机制有关的是（　　）
A. 阻断阿片受体　　B. 激动中枢阿片受体
C. 抑制中枢前列腺素（PG）合成
D. 抑制外周前列腺素（PG）合成
E. 激动中枢 M 受体

4. 医生用数种药物进行治疗，患者疼痛缓解，呼吸变慢，腹泻得到控制，而呕吐更剧烈。上述现象与应用哪种药物有关（　　）
A. 吗啡　　　　　　B. 阿托品
C. 利福平　　　　　D. 地西泮
E. 新斯的明

5. 根据问题 4，该药中毒特征性症状是（　　）
A. 针尖样瞳孔　　　B. 便秘
C. 呼吸抑制　　　　D. 嗜睡、头昏
E. 低血压

6. 抢救该药中毒的最有效的药物是（　　）
A. 纳洛酮　　　　　B. 曲马多
C. 肾上腺素　　　　D. 尼可刹米
E. 喷他佐辛

患者，女，21 岁，因乳房疼痛就诊。在门诊使用哌替啶注射剂 100mg 肌内注射。病情缓解，进一步检查，被诊断为乳腺癌，患者拒绝手术治疗，保守治疗，因为疼痛患者要求医生开具镇痛药。

7. 下列对癌痛治疗三阶梯方法描述不正确的是（　　）
A. 根据癌痛程度选择药物
B. 用药剂量应个体化
C. 对轻度疼痛选用解热镇痛药
D. 是按时用药，而不按需（只在痛时）给药
E. 不宜用强阿片药物，以免成瘾

8. 镇痛作用最强的药物是（　　）
A. 吗啡　　　　　　B. 阿司匹林
C. 可待因　　　　　D. 喷他佐辛
E. 美沙酮

9. 可用于解救吗啡类药物急性中毒的是（　　）
A. 纳洛酮　　　　　B. 哌替啶
C. 可待因　　　　　D. 喷他佐辛
E. 阿司匹林

10. 下列镇痛药物成瘾性极小的镇痛药是（　　）
A. 盐酸美沙酮　　　B. 盐酸哌替啶
C. 盐酸可待因　　　D. 枸橼酸芬太尼
E. 喷他佐辛

二、案例分析

患者，男，35岁，上腹绞痛，间歇发作已数年。入院前8天，患者上腹绞痛发作后伴持续性钝痛，疼痛剧烈时放射到右肩及腹部，并有恶心、呕吐、腹泻等症状，诊断：胆石症，慢性胆囊炎。入院前曾因疼痛使用过盐酸吗啡片，用药后呕吐加剧，疼痛加深，呼吸变慢，腹泻却得到控制。入院后，用抗生素控制症状，并肌内注射盐酸哌替啶注射液50mg、硫酸阿托品注射液0.5mg，每3～4小时一次，并行手术治疗。术后患者伤口疼痛，仍继续用上述药物止痛，10天后痊愈出院。出院后仍感伤口疼痛，继续注射哌替啶。病愈后患者仍很想用此药，如果一天不注射，则四肢怕冷、情绪不安、手脚发麻、气急、说话含糊，甚至发脾气、不听劝说，注射哌替啶后则可安静入睡。现每天要注射哌替啶4次，注射剂量为300～400mg/日，晚上还需加服巴比妥类方能安静入睡。

1. 患者应用盐酸吗啡片止痛后腹泻得到控制的原因？但是为何出现疼痛不止而且呕吐更剧烈、呼吸变慢？
2. 哌替啶配伍阿托品治疗是否合理，为什么？
3. 患者出院后为什么要继续用哌替啶？如何合理应用镇痛药？

4. 吗啡和哌替啶在药理作用和临床用途上有何异同？

患者，男，62岁，有急性心肌梗死病史，经治疗好转后，停药月余，昨夜突发剧咳而憋醒，不能平卧，咳粉红色泡沫样痰，烦躁不安，心率134次/min，血压152/93mmHg，两肺有小水泡音。诊断为急性左心衰竭，心源性哮喘。

5. 该患者应用什么药物治疗心源性哮喘，为什么？

患者，女，25岁，现已经妊娠39周+，今早发生阵发性腹部剧痛，故来院就诊。处方如下：盐酸吗啡注射液10mg×1支 皮下注射 10mg。

6. 医生所开具的处方是否合理，为什么？

第十三章　治疗中枢神经系统退行性疾病药

综合分析选择题

患者，男，45岁，2年前因患严重精神分裂症，用氯丙嗪治疗，逐渐增加氯丙嗪剂量至600mg/d，方可控制症状，但近日出现肌肉震颤，动作迟缓，流涎等症状。

1. 对此应选何药纠正（　　）
A. 苯海索　　　　　B. 左旋多巴
C. 金刚烷胺　　　　D. 地西泮
E. 溴隐亭

2. 上述纠正药物的适应证不包括（　　）
A. 帕金森病
B. 药物引起的锥体外系反应
C. 肝豆状核变性　　D. 临产前镇痛
E. 面肌痉挛

第十四章　利　尿　药

一、综合分析选择题

患者，女，70岁，因间断性腹胀1月余入院。患者1个月前无明显诱因出现腹胀，既往有乙型肝炎病史10年。诊断：肝硬化失代偿期、腹水。医嘱：螺内酯片20mg 2次/日 口服；注射用还原型谷胱甘肽1.2g 每晚静脉滴注；呋塞米片20mg 睡前 口服；注射用胸腺肽100mg 每晚静脉滴注。

1. 患者联合使用螺内酯和呋塞米的目的是（　　）
A. 预防低钾　　　　B. 预防低钠

C. 预防低镁　　　　D. 预防高钠
E. 预防高尿酸血症
2. 不属于呋塞米的适应证的是（　　）
A. 充血性心力衰竭　B. 预防急性肾衰竭
C. 高钾血症　　　　D. 高尿酸血症
E. 急性药物中毒
3. 下列关于呋塞米的描述，不正确的是（　　）
A. 对磺胺药和噻嗪类利尿药过敏者，对本品可能过敏
B. 无尿或严重的肾功能损害者慎用
C. 可透过胎盘屏障，孕妇尤其是妊娠初始3个月内应尽量避免应用
D. 新生儿的半衰期明显延长，故新生儿的用药间隔应延长
E. 与抗高血压药合用时，无需调整后者的剂量
4. 长期服用螺内酯可导致（　　）
A. 高血钠　　　　　B. 碱中毒
C. 高血钾　　　　　D. 低血钾
E. 骨质疏松
5. 不属于螺内酯的禁忌证的是（　　）
A. 多尿　　　　　　B. 年龄＞60岁
C. 高血钾　　　　　D. 无尿
E. 急、慢性肾衰竭

患者，女，34岁，因风湿性心脏病出现心脏衰竭，心功能Ⅱ级，并有下肢水肿，经地高辛治疗后，心功能有改善，但水肿不见好转。
6. 经检查发现，患者血浆醛固酮水平高，此时最好选用（　　）
A. 呋塞米　　　　　B. 氢氯噻嗪
C. 螺内酯　　　　　D. 丁苯氧酸
E. 氨苯蝶啶
7. 该药属于（　　）
A. 高效能利尿药　　B. 中效能利尿药
C. 低效能利尿药　　D. 排钾利尿药
E. 排钠利尿药

二、案例分析

患者，男，40岁，建筑工人，一次事故严重外伤导致大量出血，血压下降，少尿，经抢救低血压和血容量已纠正后，尿量仍很少。
1. 为避免肾功能衰竭的进展，医生给予患者呋塞米合并补液进行治疗，请问是否合理，为什么？
2. 呋塞米的用药注意事项有哪些？

第十五章　抗高血压药

一、综合分析选择题

患者，男，48岁，近日感觉头痛、头晕、心悸、眼花、耳鸣、失眠、乏力等症状，血压为170/100mmHg。
1. 根据患者的临床表现及血压值，可诊断为（　　）
A. 心律失常　　　　B. 1级高血压
C. 2级高血压　　　 D. 心力衰竭
E. 低血压
2. 根据诊断结果，优先选用的治疗药物是（　　）
A. 呋塞米　　　　　B. 卡托普利
C. 硝酸甘油　　　　D. 维拉帕米
E. 普萘洛尔
3. 第2题中的治疗药物属于（　　）
A. 血管紧张素Ⅱ受体阻滞剂（ARB）
B. 血管紧张素转化酶抑制剂（ACEI）
C. 利尿剂
D. β受体阻断剂
E. 钙通道阻滞剂（CCB）
4. 患者服用2题中选用的药物后，测得血钾水平为5.9mmol/L，故不能和以下哪个药物合用（　　）
A. 螺内酯　　　　　B. 氢氯噻嗪
C. 吲达帕胺　　　　D. 氨氯地平
E. 非洛地平
5. 患者的工作单位最近组织员工体检，诊断出患者除患有1题中的疾病，还患有糖尿病，此时可选用的最佳治疗药物是（　　）
A. 氯沙坦　　　　　B. 培哚普利
C. 硝酸甘油　　　　D. 硝苯地平
E. 普萘洛尔

患者，男，59岁，约有10年高血压、慢性心功能不全病史，经强心、利尿治疗好转，但近日病情加重，出现心慌，气短，下肢水肿加重。诊断：原发性高血压，慢性心功能不全，心肌肥大。
6. 根据患者病情，最好加用以下哪种药物继续治疗（　　）
A. 卡托普利　　　　B. 硝苯地平
C. 肼屈嗪　　　　　D. 哌唑嗪
E. 氨茶碱

7. 该药物的作用机制是（　　）
A. 扩血管
B. 抑制血管紧张素Ⅰ转换酶
C. 抑制血管紧张素Ⅱ转换酶
D. 阻断血管紧张素Ⅱ受体
E. 拮抗钙离子

二、案例分析

患者，男，60岁，高血压病史6年，规律性口服降压药硝苯地平缓释片20mg 2次/日口服，平时血压控制平稳。1天前，血压升至160/100mmHg，医生给予加用氢氯噻嗪片12.5mg 2次/日口服。患者有痛风病史，曾反复发作。
1. 以上用药是否合理，为什么？

患者，男，62岁，有高血压病史，长期使用复方利血平氨苯蝶啶片进行治疗，血压控制平稳。近日出现上腹部疼痛，经钡餐检查诊断为胃溃疡。
2. 请分析胃溃疡发生的原因。
3. 针对患者病情，除应用抗消化性溃疡药外，其控制血压药物最好选用哪类一线降压药，为什么？

第十六章　抗心绞痛药

一、综合分析选择题

患者，男，50岁，晨起时自觉心前区不适，胸骨后阵发性闷痛来院就诊，心电图（ECG）无异常。
1. 入院后，休息时再次出现胸骨后闷痛，ECG显示ST段抬高，应首选的抗心绞痛药是（　　）
A. 硝酸异山梨酯　　B. 硝酸甘油
C. 普萘洛尔　　　　D. 硝苯地平
E. 氨氯地平
2. 若考虑抗心绞痛药治疗，请问下述药物不宜选用的是（　　）
A. 阿司匹林　　　　B. 硝酸甘油
C. 普萘洛尔　　　　D. 硝苯地平
E. 维拉帕米

患者，女，55岁，近两年来经常头痛、头晕、耳鸣、心悸、记忆力减退、手脚麻木，近1年来于清晨睡醒时经常出现心前区疼痛并向左肩部放散。就诊时，测血压170/108mmHg，心电图表现为弓背向下形ST段抬高。
3. 此患者最可能的临床诊断是（　　）
A. 3级高血压　　　B. 1级高血压伴心肌炎
C. 2级高血压伴心绞痛
D. 3级高血压伴心功能不全
E. 1级高血压伴扩张型心肌病
4. 此患者最宜使用的降压药物是（　　）
A. 中枢性降压药　　B. 利尿药
C. ACEI　　　　　　D. CCB
E. 钾通道开放剂
5. 若患者因担心病情而出现焦虑、恐慌和紧张情绪，坐卧不宁，心烦意乱，伴有头痛、入睡困难、做噩梦、易惊醒等表现，则可合并使用的降压药物是（　　）
A. 血管紧张素Ⅰ受体拮抗药
B. 噻嗪类利尿药
C. ACEI　　　　　　D. CCB
E. β受体阻滞剂
6. 若患者经X线检查发现其左心增大、肺淤血、肺静脉影增宽，经超声心动图检查发现其左心室舒张末期容积增加、每搏输出量和射血分数降低、左心室和左心房内径扩大，则应优选的降压药物是（　　）
A. ACEI　　　　　　B. 利尿药
C. β受体阻滞剂　　　D. CCB
E. ARB

二、案例分析

患者，男，57岁，近半年来，劳累后或者情绪激动后反复发作胸骨后压榨性疼痛，并放射至左肩和后背，休息后稍稍缓解。心率79次/min，心电图示ST段压低，提示有心肌缺血；冠状动脉造影显示有冠状动脉粥样硬化斑块。诊断：冠状动脉粥样硬化性心脏病、心绞痛。治疗方案：硝酸甘油片0.5mg×30片 1次/日 口服，必要时舌下含服；盐酸普萘洛尔片10mg×30片 3次/日 口服。
1. 请问以上用药是否合理，为什么？
2. 用药注意事项有哪些？

患者，男，60岁，有哮喘病史，近年来症状控制较好，无发作。最近1个月来，常在劳累、情绪激动时出现胸骨后闷痛，有时放射至左上肢，持续3～5min，休息后症状消失。诊断：稳定型心绞痛。
3. 医生给患者服用β受体阻滞剂美托洛尔进行治疗，请问是否合理？

4. β受体阻滞剂治疗心绞痛的机制、优点是什么？
5. 患者用药注意事项有哪些？

第十七章　抗心力衰竭药

一、综合分析选择题

患者，女，55岁，半年前出现胸闷、气短症状，1个月前心脏彩超检查提示风湿性心脏病，重度二尖瓣狭窄。心电图示心房颤动，心室率快，ST-T段改变。诊断：风湿性心脏病、心房颤动。1周前患者行二尖瓣人工心脏瓣膜置换术，术后恢复良好。术后处方：地高辛片0.25mg 1次/日 口服，呋塞米片20mg 1次/日 口服，螺内酯片20mg 1次/日 口服，华法林片3mg 1次/日 口服，卡托普利片12.5mg 3次/日 口服。

1. 患者所使用药物中由于易中毒，需要监测血药浓度的是（　　）
   A. 地高辛　　　　　B. 呋塞米
   C. 螺内酯　　　　　D. 卡托普利
   E. 阿司匹林
2. 可增加地高辛血药浓度的药物是（　　）
   A. 华法林　　　　　B. 呋塞米
   C. 卡托普利　　　　D. 螺内酯
   E. 阿司匹林
3. 患者所服药物中可引起干咳的是（　　）
   A. 华法林　　　　　B. 螺内酯
   C. 呋塞米　　　　　D. 卡托普利
   E. 阿司匹林
4. 长期使用可导致低钾血症的是（　　）
   A. 卡托普利　　　　B. 呋塞米
   C. 螺内酯　　　　　D. 地高辛
   E. 阿司匹林
5. 服用华法林过量可用下列哪种药物对抗（　　）
   A. 维生素A　　　　B. 维生素K
   C. 鱼精蛋白　　　　D. 肝素
   E. 氨甲环酸

二、案例分析

患者，女，56岁，因充血性心力衰竭于3个月前开始每日口服地高辛片0.25mg、氢氯噻嗪片25mg，其呼吸困难、双下肢浮肿等症状和体征逐渐改善。2天前患者突然出现恶心、呕吐、头晕，心率降至48次/min，心电图提示室性期前收缩，实验室检查提示血肌酐138μmol/L（碱性苦味酸比色法，正常值53～97μmol/L），地高辛血药浓度为2.5ng/ml（偏振荧光免疫法测定，有效治疗血药浓度范围为0.5～2.0ng/mL），血清钾3.1mmol/L（正常值4～5mmol/L）。

1. 患者出现上述症状的可能原因是什么，为什么？
2. 此时应采取什么治疗措施？

第十八章　抗心律失常药

一、综合分析选择题

患者，女，53岁，有甲状腺功能亢进病史，近日因过劳和精神受刺激，而出现失眠、心慌、胸闷，心率160次/min，心电图示明显的心肌缺血改变，窦性心律不齐。

1. 根据患者病情，此时最好选用（　　）
   A. 胺碘酮　　　　　B. 奎尼丁
   C. 普鲁卡因胺　　　D. 普萘洛尔
   E. 利多卡因
2. 该药物属于（　　）
   A. 钠通道阻滞剂　　B. 延长动作电位时程药
   C. β受体阻滞剂　　D. 钙通道阻滞剂
   E. α受体阻滞剂
3. 该药物的主要不良反应有（　　）
   A. 支气管哮喘　　　B. 腹胀
   C. 心房扑动　　　　D. 心房颤动
   E. 吞咽障碍

患者，男，60岁，高血压病史及溃疡病史10余年，近日查体发现左心室肥厚，偶发阵发性室上性心律失常。

4. 根据患者病情，选择下列何种药物降压为宜（　　）
   A. 维拉帕米　　　　B. 硝苯地平
   C. 尼莫地平　　　　D. 吗啡
   E. 利血平
5. 该药的抗心律失常作用是通过抑制窦房结和房室结（　　）
   A. K^+外流发挥作用　B. Na^+内流发挥作用
   C. Mg^{2+}内流发挥作用　D. Ca^{2+}内流发挥作用
   E. Cl^-内流发挥作用
6. 该药属于（　　）类抗心律失常药
   A. Ⅰ　　　　　　　B. Ⅱ
   C. Ⅲ　　　　　　　D. Ⅳ
   E. Ⅴ

第十九章 调血脂药与抗动脉粥样硬化药

一、综合分析选择题

患者，男，67岁，于1小时前突发胸闷，伴心前区胸痛，且胸闷、胸痛进行性加重，心悸明显，即刻入院，入院时呈急性病容，血压180/110mmHg，既往有冠状动脉粥样硬化性心脏病病史4年，吸烟史30年，血清总胆固醇（TC）6.80mmol/L，甘油三酯（TG）4.85mmol/L，低密度脂蛋白（LDL）4.56mmol/L，高密度脂蛋白（HDL）0.10mmol/L，诊断：不稳定型心绞痛、高血压3级。

1. 根据患者各项指标，医生可优选哪类调脂药物进行治疗（　　）
A. 他汀类　　　　　B. 贝特类
C. 烟酸类　　　　　D. 胆汁酸螯合剂
E. 抗氧化剂

2. 使用该类药物要注意什么不良反应（　　）
A. 肺毒性　　　　　B. 肝脏毒性
C. 心脏毒性　　　　D. 肾毒性
E. 神经毒性

3. 患者在用药期间肌痛、肌无力，在下列药物中，考虑导致此不良反应的是（　　）
A. 硝酸甘油　　　　B. 普萘洛尔
C. 阿托伐他汀　　　D. 单硝酸异山梨酯
E. 缬沙坦

二、案例分析

患者，男，59岁，1个月前因患高脂血症（Ⅱb型）来院就诊，给予辛伐他汀片40mg 每晚1次口服；苯扎贝特片0.2g 3次/日 口服。服药2周后，患者感觉下肢肌肉开始酸痛，但一直当做是运动后症状，故未停药。近2日患者突然发现尿液变成了酱油色，遂去医院检查。诊断：药物性横纹肌溶解。

1. 请问患者出现不良反应的原因是什么？
2. 应如何对患者做用药指导？

第二十章 解热镇痛抗炎药、抗风湿疾病药与抗痛风药

一、综合分析选择题

患者，男，32岁，常年吃饭不规律，爱吃刺激性强的食物，近日因胃溃疡住院，患者住院期间感冒，体温39.2℃，诊断：病毒性感染。

1. 该患者选择下列解热药最好的是哪种药物（　　）
A. 对乙酰氨基酚　　B. 阿司匹林
C. 保泰松　　　　　D. 布洛芬
E. 吲哚美辛

2. 问题1中的药物引起的不良反应是（　　）
A. 水钠潴留，可致水肿
B. 凝血障碍　　　　C. 急性胰腺炎
D. 中毒性弱视　　　E. 急性中毒致肝坏死

3. 问题1中药物的作用错误的是（　　）
A. 有效恢复类风湿性关节炎的损伤
B. 治疗头痛有效　　C. 治疗痛经有效
D. 有解热作用
E. 减少血小板血栓素合成

4. 下列哪一项不是问题1中的药物适应证（　　）
A. 痛风性关节炎　　B. 创伤后疼痛
C. 感冒引起的发热
D. 冠状动脉粥样硬化性心脏病、心绞痛
E. 运动后损伤性疼痛

患儿，女，5岁，因入秋天气寒冷，患流行性感冒，发热，测体温39.9℃，遵医嘱口服对乙酰氨基酚片。

5. 正确的用药指导是（　　）
A. 服药后捂汗　　　B. 多饮水
C. 药物研碎服用　　D. 加强体育锻炼
E. 睡前服药

6. 对于该患儿首选的退热药物是（　　）
A. 对乙酰氨基酚　　B. 吲哚美辛
C. 布洛芬　　　　　D. 乙酰水杨酸
E. 尼美舒利

7. 该首选药物的描述错误的是（　　）
A. 为非甾体抗炎镇痛药
B. 有解热镇痛作用　C. 抗炎作用弱
D. 不引起胃肠出血　E. 有增强抗凝作用

8. 该药引起的不良反应是（　　）
A. 水钠潴留，可致水肿
B. 急性胰腺炎　　　C. 凝血障碍
D. 中毒性弱视　　　E. 急性中毒致肝坏死

患者，男，35岁，患风湿性关节炎多年，长期服用下列某一抗风湿药，近来渐感疲乏无力、心悸等，诊断：抗风湿药引起的消化性溃疡伴慢性失血性贫血。

9. 请分析是下列哪个药物所致（　　）
A. 布洛芬　　　　　B. 贝诺酯
C. 阿司匹林　　　　D. 安乃近
E. 萘普生
10. 该药引起的不良反应是（　　）
A. 水钠潴留，可致水肿
B. 急性胰腺炎　　C. 凝血障碍
D. 中毒性弱视　　E. 急性中毒致肝坏死
11. 该药物防治血栓性疾病叙述正确的是（　　）
A. 应用剂量与解热剂量相同
B. 应用剂量与抗风湿剂量相同
C. 每天的应用剂量为 50～100mg 较好
D. 剂量越大越好　　E. 剂量越小越好
12. 该治疗药物的防治血栓性疾病的机制是（　　）
A. 抑制磷脂酶 A2，使血药素 A2（TXA2）合成减少
B. 抑制环氧酶，使 TXA2 合成减少
C. 抑制 TXA2 合成酶，使 TXA2 合成减少
D. 抑制酯氧酶，使 TXA2 合成减少
E. 以上均不正确

　　患者，男，52 岁，近日发现手指关节肿胀，疼痛，早晨起床后感觉指关节明显僵硬，活动后减轻，经检查后被诊断为类风湿关节炎。
13. 该患者可以选用下列哪种药物治疗（　　）
A. 阿司匹林　　　　B. 哌替啶
C. 对乙酰氨基酚　　D. 地西泮
E. 氯丙嗪
14. 该治疗药物的禁忌证是（　　）
A. 哮喘、鼻息肉　　B. 痛经
C. 牙痛　　　　　　D. 风湿热
E. 头痛
15. 治疗该药物引起的出血最有效的是（　　）
A. 维生素 C　　　　B. 氨甲苯酸
C. 维生素 K　　　　D. 注射用血凝酶
E. 酚磺乙胺

　　患者，男，45 岁，职业教师，体重 80kg，平时喜好喝酒大鱼大肉，2 年前出现关节疼痛，遂至医院就诊，查血尿酸 550μmol/L，其余无明显异常。近日因踝关节疼痛 10 余日就诊，检查血肌酐 159μmol/L，血尿酸 654μmol/L，其余无明显异常，诊断：高尿酸血症，慢性肾炎。
16. 该患者缓解急性痛风发作较好的药物是（　　）

A. 阿司匹林　　　　B. 甲芬那酸
C. 秋水仙碱　　　　D. 吲哚美辛
E. 别嘌醇
17. 问题 16 的药物口服给药后的主要不良反应是（　　）
A. 皮疹　　　　　　B. 胃肠道反应
C. 血尿　　　　　　D. 再生障碍性贫血
E. 视觉障碍
18. 该患者慢性痛风期为了解决疼痛症状可以选择下列哪一药物（　　）
A. 双氯酚酸钠　　　B. 吗啡
C. 氨氯地平　　　　D. 呋塞米
E. 布桂嗪
19. 该患者缓解急性痛风发作后，优选的治疗药物是（　　）
A. 阿司匹林　　　　B. 甲芬那酸
C. 秋水仙碱　　　　D. 吲哚美辛
E. 别嘌醇
20. 下列哪一项不是问题 19 药物的禁忌证（　　）
A. 孕妇　　　　　　B. 高血压
C. 哺乳期妇女　　　D. 严重肝肾功能不全者
E. 明显血细胞低下者

二、案例分析

　　患者，男，62 岁，患 2 型糖尿病，一直服用格列美脲治疗，血糖控制良好。近日感冒，体温 39.5℃、头痛，处方：格列美脲片 1mg×100 片 每次 4 片 1 次/日 口服；阿司匹林片 0.3g×10 片 每次 1 片 3 次/日 口服。
　　患者当天应用阿司匹林后胃部感觉不舒服，应用 2 天后患者出现心慌、手抖、出汗等症状。
1. 该治疗方案是否恰当，为什么？
2. 阿司匹林的临床不良反应有哪些？禁忌证是什么？
3. 为何患者出现胃部不适感，产生的原因是什么？如何减少胃部不适感的发生？

　　患者一，男，56 岁，2 年前检查出患有恶性肿瘤，除抗癌治疗外，为缓解患者的疼痛，医生开具镇痛药物阿司匹林，1 年前由于疼痛加剧，现有药物不能缓解，按照癌症患者的 3 阶梯疗法，今已经给予该患者应用哌替啶镇痛。
　　患者二，男，19 岁，今因过马路时不注意被车撞到，造成右腿骨折，疼痛难忍。

4. 不同的疼痛治疗的药物不同，如何根据疼痛的类型不同选择不同的药物？
5. 比较阿司匹林和哌替啶镇痛的异同点。

第二十一章 影响免疫功能的药物

一、综合分析选择题

一成年女性患者，近几个月来感觉疲倦乏力、低热、全身不适，体重下降，最近2周出现典型关节症状，表现为关节晨僵、疼痛、压痛和肿胀，就医体检和实验室数据提示为类风湿性关节炎。

1. 患者可以使用的药物不包括下列的哪一种（ ）
   A. 环孢素　　　　　B. 地塞米松
   C. 环磷酰胺　　　　D. 吗啡
   E. 硫唑嘌呤
2. 若该患者采用塞米松治疗，该药属于哪一类免疫抑制药（ ）
   A. 抗代谢药类　　　B. 糖皮质激素类
   C. 免疫增强剂　　　D. 钙调磷酸酶抑制剂
   E. 烷化剂
3. 若患者使用的是环孢素，该药物的作用机制是（ ）
   A. 阻断T细胞对抗原的分化增殖性反应
   B. 抑制巨噬细胞对抗原的吞噬和处理
   C. 可促进T细胞分化成熟，增强T细胞对抗原或其他刺激的反应
   D. 增强巨噬细胞的趋化和吞噬功能
   E. 以上均不对

二、案例分析

患者，男，43岁，因患慢性肾功能不全，于2019年7月16日进行同种异体肾移植术，术后恢复良好，应用环孢素、霉酚酸酯和泼尼松三联免疫抑制方案。10月18日患者开始出现咳嗽、呼吸困难等症状，遂入院治疗。查胸片示双肺感染，检测环孢素血药浓度峰值为1600ng/mL。诊断：肺部感染。根据检查结果及诊断患者停用霉酚酸酯，改为低剂量环孢素联合雷帕霉素治疗后，检测其环孢素血药浓度峰值为1300ng/mL，给予亚胺培南、氟康唑和更昔洛韦三联抗感染治疗，持续吸氧维持血氧饱和度在95%～99%，停用全部免疫抑制剂后肺部感染仍未控制。患者数天后死亡。肺部感染期间，患者血肌酐一直波动在60～100μmol/L。

1. 该病例发生肺部感染的原因是什么，应如何处理？
2. 应用环孢素等免疫抑制药应注意什么问题？

第二十二章 组胺受体拮抗药

一、综合分析选择题

患儿，女，8岁，由其母亲带来就诊，诉每年春季患儿出现流涕、鼻痒、流泪、喷嚏等症状，目前正口服苯海拉明治疗。但患儿的老师反映她常常上课睡觉，考试成绩下降。经检查未发现其他疾病情况，也未使用其他药物。医生诊断其为季节性过敏性鼻炎。

1. 患儿服用的药物属于哪一类（ ）
   A. H_1受体拮抗药　　B. H_2受体拮抗药
   C. 质子泵抑制剂　　　D. H_1受体激动药
   E. H_2受体激动药
2. 医生可建议患儿可更换下列哪一种药物（ ）
   A. 赛庚啶　　　　　B. 氯苯那敏
   C. 西咪替丁　　　　D. 氯丙嗪
   E. 非索非那定
3. 下列不属于苯海拉明的适应证的是（ ）
   A. 荨麻疹　　　　　B. 过敏性鼻炎
   C. 失眠　　　　　　D. 晕动病
   E. 胃溃疡

二、案例分析

患者，女，36岁，诉全身风团伴瘙痒3天，于2018年1月18日入院。现病史：患者于1月15日食花蛤、鳝鱼后，1月16日右上肢开始出现一红色丘疹，伴瘙痒，搔抓后皮疹增大呈风团样，并逐渐增多，扩散至全身，风团时隐时现，遂入院求治。体检：神清，疲倦，全身泛发红色风团，痒痛不适，口干、口苦、咽痛。专科检查：全身泛发红色风团，以头面及臀部为多，部分散在，部分融合成大片状，边界清楚，压之褪色，触之有灼热感，皮肤划痕症（+）。辅助检查：总IgE升高，过敏原测试（+）。诊断：急性荨麻疹。

1. 该疾病主要病理生理学机制与哪些细胞与炎症介质有关？
2. 组胺受体拮抗药对该疾病的治疗的药理学机制是什么？

第二十三章 影响其他自体活性物质的药物

一、综合分析选择题

患儿，女，8岁被诊断为哮喘。处方：孟鲁司特钠咀嚼片10mg×5片 每次半片1次/日 口服，布地奈德福莫特罗吸入粉雾剂（60吸×1支）1吸2次/日 经口腔吸入；小儿定喘口服液10mL×8支 每次10mL 3次/日 口服。

1. 孟鲁司特的作用机制是（ ）
A. 阻断白三烯受体 B. 激动5-HT受体
C. 抑制激肽酶释放 D. 阻断NK_1受体
E. 阻断β受体

2. 下列不属于孟鲁司特的不良反应的是（ ）
A. 嗜酸性粒细胞增多 B. 低钾血症
C. 肝脏转氨酶升高 D. 血管炎性皮疹
E. 嗜酸性粒细胞增多

3. 除了哮喘以外，白三烯受体拮抗剂还可以用于下列何种疾病（ ）
A. 胃溃疡 B. 心绞痛
C. 糖尿病 D. 过敏性鼻炎
E. 肺炎

二、案例分析

患者，女，45岁，因头痛就诊，确诊为有先兆偏头痛。医生处理方案：给予麦角胺和咖啡因，并建议在头痛先兆出现时服用。
案例中医生开具的药物治疗该疾病的机制是什么？

第二十四章 肾上腺皮质激素类药

一、综合分析选择题

患者，男，58岁，40年前诊断为"支气管哮喘"，服泼尼松治疗，症状缓解，由于发病频率及持续时间逐年增加，常自服泼尼松10~45mg/日，每年服用约3~6月。20年前体重逐渐增加，腹围增大明显，四肢变瘦。7年前逐渐出现双下肢麻木。3个月前哮喘发作，自服泼尼松治疗，症状缓解不明显，10天前出现双下肢无力，不能站立行走。查体：满月脸，皮肤菲薄，下腹部见多条粗大紫纹，桶状胸，双肺呼吸音低，脊柱后凸畸形，腰骶部压痛，四肢肌力减退。血压160/90mmHg，TG 2.56mmol/L（正常0.3~2.28）。

1. 患者长期服用糖皮质激素发生脊柱后凸畸形，腰骶部压痛的主要原因是（ ）
A. 甲状旁腺激素分泌增加
B. 蛋白质分解增加 C. 血糖含量增高
D. 垂体前叶生长素分泌减少
E. 血压升高

2. 若患者突然停止使用泼尼松可能还会导致（ ）
A. 糖尿病 B. 高血压
C. 胃溃疡 D. 反跳现象
E. 低血钾

3. 患者出现体重逐渐增加，腹围增大明显，四肢变瘦是由于（ ）
A. 长期使用糖皮质激素导致肾上皮质功能亢进
B. 长期使用糖皮质激素导致肾上皮质功能减退
C. 长期使用糖皮质激素导致严重感染
D. 长期使用糖皮质激素导致高血糖
E. 长期使用糖皮质激素导致高血压

4. 糖皮质激素用于过敏性支气管哮喘的主要作用机制是（ ）
A. 直接扩张支气管平滑肌
B. 兴奋$β_2$受体
C. 稳定肥大细胞膜，抑制炎症介质的释放
D. 使细胞环腺苷酸（cAMP）增加
E. 阻断腺苷受体

5. 糖皮质激素不适用于下列何种疾病（ ）
A. 再生障碍性贫血 B. 感染性休克
C. 肾上腺皮质功能减退
D. 中毒性菌痢 E. 全身性真菌感染

二、案例分析

有报道称，30例新冠肺炎患者应用大剂量糖皮质激素类药物治疗，治疗结束后3个月30例患者均进行了双侧髋关节、肩关节、膝关节和踝关节的MRI检查，观察到骨缺血的表现，发生率为22.7%，有报道称大剂量应用糖皮质激素类药物可致罕见部位（如肱骨头、足、腕舟骨、坐骨等）骨坏死，提示大剂量使用糖皮质激素可能会导致骨缺血性坏死。

1. 试解析大剂量使用糖皮质激素致骨缺血性坏死的可能原因。
2. 使用糖皮质激素时的用药护理有哪些？

第二十五章 胰岛素及其他降血糖药

一、综合分析选择题

患者,男,48岁,诊断为2型糖尿病。目前药物治疗方案为:二甲双胍片 每次1片2次/日 口服;阿卡波糖片 每次1片3次/日 口服。

1. 关于本病例患者服用二甲双胍注意事项的说法,不正确的是（　　）
A. 可能出现的不良反应有腹痛、腹泻、腹胀
B. 服药期间不要饮酒,以免引起低血糖
C. 若出现低血糖反应,应立即饮用蔗糖水
D. 服药过程中适当补充维生素
E. 若使用碘造影剂行CT增强扫描,需提前停用二甲双胍

2. 阿卡波糖最适宜的服用时间是（　　）
A. 餐前半小时　　　B. 餐时
C. 餐后半小时　　　D. 餐后1小时
E. 餐后2小时

3. 该患者联合用药过程中,除监测血糖之外,还应重点监测的安全性指标是（　　）
A. 血压　　　　　　B. 血脂
C. 肺功能　　　　　D. 心功能
E. 肾功能

二、案例分析

一名18岁女大学生在接受健康检查时,尿常规提示尿糖(+),该患者将自己的种种不适归于住校后的焦虑。不适症状包括过去3个月体重减少(5kg)、烦渴、夜间多尿、乏力,并伴有3次阴道真菌感染。上大学前患者患过一系列的上呼吸道感染,否认家族糖尿病史。实验室检查结果如下:空腹血糖15.6mmol/L(正常值<6.1mmol/L),尿糖和尿酮体呈阳性。医生在上述证据和其他检查结果的基础上,医生确诊其为1型糖尿病。

1. 该患者现有主要治疗方案是什么?
2. 对该患者现有监测或调整治疗方法是什么?

第二十六章 甲状腺激素与抗甲状腺药

一、综合分析选择题

患者,农村女性,38岁,甲状腺功能亢进病史5年,疏于治疗,长期不愈,临床疑诊其为甲状腺功能亢进性心脏病,心功能Ⅱ级,甲状腺一度肿大,甲状腺摄碘率3小时68%、24小时91%。

1. 下列哪项治疗应首先考虑（　　）
A. 甲巯咪唑治疗　　　B. 丙硫氧嘧啶治疗
C. 甲巯咪唑+普萘洛尔治疗
D. 手术治疗　　　　　E. ^{131}I治疗

2. 第1题中考虑的首选药的作用机制是（　　）
A. 产生β射线和γ射线,破坏滤泡上皮,使其萎缩、减少分泌
B. 通过抑制过氧化物酶,抑制甲状腺激素的生物合成
C. 抑制蛋白水解酶,使T_3、T_4不能和甲状腺球蛋白解离而释放减少
D. 拮抗促甲状腺激素(TSH)的作用
E. 阻断β受体

3. 上述首选药物的临床应用不包括（　　）
A. 不宜手术的患者　　B. 手术后复发的患者
C. 使用硫脲类无效的患者
D. 甲状腺功能测定　　E. 甲状腺危象

二、案例分析

患者,女,28岁,妊娠9周,1个月前出现心慌、消瘦,伴有颈部增粗,遂入院。查体:体温37℃,脉搏110次/min,血压130/70mmHg,双侧甲状腺弥漫性增大。辅助检查:游离甲状腺素($_FT_4$) 46.7pmol/L,游离三碘甲状腺原氨酸($_FT_3$) 10.9pmol/L,TSH 0.05mU/L,促甲状腺激素受体抗体(TRAb) 66.3U/L,甲状腺摄碘率2小时为50.2%,6小时为75.2%,24小时为79.3%。

1. 患者可能患什么疾病?
2. 根据你的诊断,请初步拟定该患者治疗方案。

第二十七章 垂体激素和下丘脑释放激素

一、综合分析选择题

患者出现临产现象,当日18:00请来接生员,次日2:00,肌注缩宫素10U,3:10左右分娩出一女婴,20min后胎盘完整娩出,4:15发现产妇阴道出血过多,接生员又肌注缩宫素10U,经观察发现产妇阴道出血仍不止。5:00乡村医生赶到时,产妇面色苍白,神志清楚,脉搏细弱,5:20静滴5%葡萄糖溶液500mL+维生素C 5g+

缩宫素10U，静滴约200mL时，产妇诉下腹部隐痛不适、头晕，检查发现产妇阴道仍在出血且量较多。嘱家属将产妇转县医院抢救，但产妇因产后失血过多，失血时间过长于当日上午8时死亡。

1. 缩宫素的主要不良反应（　　）
 A. 过量引起持续性强直收缩
 B. 妊娠高血压　　　C. 过敏性休克
 D. 恶心、呕吐　　　E. 腹痛、腹泻
2. 缩宫素兴奋子宫平滑肌的作用机制是（　　）
 A. 直接兴奋子宫平滑肌
 B. 激动子宫平滑肌β受体
 C. 阻断子宫平滑肌β受体
 D. 作用于子宫平滑肌细胞上的缩宫素受体
 E. 以上都不是

二、案例分析

患者于医院待产，当日1:00出现有规律宫缩，8:00宫口一指松，8:50医生给予静滴缩宫素3U，用药后孕妇宫缩在40s/（1～2）min，12:30从产道娩出一男婴。次日婴儿出现呼吸急促，双肺有少量湿啰音及轻微哮鸣音。治疗方案：注射用青霉素钠20万U，肌内注射，2次/日。4天后母子出院，发现婴儿右侧肢体活动不灵，CT显示左侧颞叶、部分顶叶软化，蛛网膜下腔积液，左侧额叶、颞叶、顶叶发育迟缓，诊断结论为缺氧缺血性脑病。

1. 婴儿出现呼吸急促最终引起缺氧缺血性脑病的最主要原因是什么？
2. 该婴儿出现呼吸急促时应如何处理？

第二十八章　性激素类药及避孕药

一、综合分析选择题

患者，女，52岁，绝经2年，自诉无诱因潮热症状严重，情绪不稳定且易怒，失眠，白天精神不振，同时自觉阴道干燥，分泌物少，性生活困难。根据患者意愿可选择雌激素口服，或外用以缓解症状。

1. 上述患者主要属于什么症状（　　）
 A. 绝经后更年期症状　　B. 卵巢功能不全
 C. 功能性子宫出血　　　D. 原发性闭经
 E. 以上都不是
2. 雌激素的不良反应不包括（　　）
 A. 乳房肿大　　　　B. 白带增多
 C. 性欲改变　　　　D. 不规则阴道出血
 E. 骨质疏松
3. 雌激素的临床用途有（　　）
 A. 痛经　　　　　　B. 功能性子宫出血
 C. 子宫内膜异位症　D. 先兆流产
 E. 消耗性疾病

二、案例分析

患者，女，34岁，近3个月出现月经中期少量阴道出血，持续2～3天，且近1年月经周期缩短，由原来的30天缩短到现在的20～22天。患者由于雌激素缺乏导致排卵期出血，孕激素不足致周期缩短，医生给予雌激素补充后症状消失。

1. 雌激素类的药物有哪些，临床应用是什么？
2. 雌激素类药物在使用时有哪些注意事项？

第二十九章　影响其他代谢的药物

一、综合分析选择题

患者，女，67岁，患骨质疏松，经检查伴有肾功能衰退，医生建议采用钙剂+促进钙吸收药物+骨吸收抑制剂的三联疗法。

1. 下列促进钙吸收的药物最适合该患者的是（　　）
 A. 维生素D_3　　　B. 维生素D_2
 C. 阿尔法骨化醇　　D. 降钙素
 E. 维生素B
2. 患者服用的药物中包括阿仑磷酸钠，下列叙述错误的是（　　）
 A. 该药属于双磷酸盐类的抗骨吸收药物
 B. 该药服用时必须在饭后服用
 C. 该类药物容易和食物中Ca^{2+}成复合物
 D. 该药最常见的不良反应是胃肠道反应
 E. 该类药物口服吸收差

二、案例分析

患者，女，61岁，因腰背痛十年，加重3周入院。患者45岁绝经，平时活动少。无其他代谢性疾病，无激素等药物使用史。

实验室检查：β-胶原特殊序列（E）0.98ng/mL（↑），骨钙素BGP 1.1ng/mL（↓），晨尿/肌酐比0.5mmol/L（↑），血清钙、磷均正常。骨密度提示：前臂0.460g/cm²，腰椎0.524g/cm²，左

侧股骨 0.487g/cm²。X 线提示：骨质疏松症，腰椎 $L_3 \sim L_4$ 压缩性骨折。

诊断：原发性骨质疏松症，腰椎 $L_3 \sim L_4$ 压缩性骨折。

1. 治疗骨质疏松症的药物有哪些？请写出分类及其一个代表药。
2. 纯粹的补钙能否有效治疗骨质疏松症，为什么？

第三十章　作用于呼吸系统的药物

一、综合分析选择题

患者，男，36 岁，为慢性哮喘患者，现出现气喘伴咳嗽、咳痰。

1. 首选下列何种药物（　　）
A. 青霉素肌内注射　　B. 沙丁胺醇口服
C. 色甘酸钠口服　　　D. 倍氯米松口服
E. 可待因口服

2. 使用药物治疗后，患者症状无明显缓解，哮喘持续发作已 26 小时，现应（　　）
A. 青霉素 + 沙丁胺醇
B. 肾上腺素 + 糖皮质激素
C. 氢化可的松 + 沙丁胺醇
D. 糖皮质激素 + 沙丁胺醇
E. 联合使用抗生素

患者，男，气喘发作 2 小时，检查发现呼吸急促，三凹征，缺氧，心率 130 次/min。

3. 除给予吸氧外，还应立即给予（　　）
A. 克伦特罗 + 氨茶碱
B. 氨茶碱 + 肾上腺素
C. 倍氯米松 + 沙丁胺醇
D. 肾上腺素 + 青霉素
E. 异丙肾上腺素 + 酮替酚

4. 若该患者患有血压高，以下何药则不宜选用（　　）
A. 普萘洛尔　　　B. 氨氯地平
C. 依那普利　　　D. 哌唑嗪
E. 缬沙坦

5. 该患者合并肺炎支原体感染，应选择（　　）
A. 氨曲南　　　　B. 氯霉素
C. 红霉素　　　　D. 多黏菌素 B
E. 多黏菌素 E

二、案例分析

患者，男，68 岁，有长期吸烟史，既往有支气管哮喘病史 30 余年，4 天前感冒后，气喘症状再发加重，并伴有咳嗽、咳痰等症状，遂就诊，胸片提示肺炎，实验室检查提示血常规及降钙素原等细菌感染指标高，诊断：支气管哮喘急性发作。

1. 该患者可以选择哪些药物进行治疗？
2. 针对于支气管哮喘患者可以采取哪些预防措施？

第三十一章　作用于消化系统的药物

一、综合分析选择题

患者，男，50 岁，出现上腹痛、嗳气、反酸，经纤维胃镜诊断为胃溃疡。

1. 下列抑酸效果最好的是（　　）
A. 氢氧化镁　　　B. 法莫替丁
C. 奥美拉唑　　　D. 胃溃硫糖铝
E. 哌仑西平

2. 该患者服药治疗后症状有所缓解，最近由于工作紧张，上述症状再次出现，继续服用上述药物效果不佳，胃内发现幽门螺杆菌，应加服（　　）
A. 米索前列醇　　B. 硫糖铝
C. 奥美拉唑　　　D. 氢氧化镁
E. 甲硝唑

二、案例分析

患者，男，55 岁，上腹部疼痛 2 年，多在冬春季发生，每因饮酒或情绪紧张时加重或复发。4 天前因受凉感冒，出现发热、头痛，服用阿司匹林治疗后，出现上腹部疼痛，痛势较严重，同时伴有口苦口干，泛酸，嗳气，大便干。胃镜检查提示：十二指肠溃疡，组织活检提示幽门螺杆菌阳性。

1. 该患者服用阿司匹林后为何出现上腹部疼痛？
2. 此时该患者可选择哪些药物进行治疗？

第三十二章　作用于血液系统的药物

一、综合分析选择题

患者，男，67 岁，有高血压病史，最近经常咳嗽、咳痰，痰中带血，诊断为肺炎伴肺出血。

1. 该患者宜用下列哪种止血药（　　）
A. 对氨甲基苯甲酸
B. 垂体后叶素　　C. 维生素 K
D. 尿激酶　　　　E. 华法林
2. 该患者使用你选择的止血药，应特别监护的项目有（　　）
A. 血压　　　　　B. 心律
C. 呼吸　　　　　D. 血常规
E. 尿常规

二、案例分析

患者，男，48 岁，近 10 天出现头晕、乏力、心悸等症状，入院后检查血常规：红细胞（RBC）$4.28×10^{12}/L$、血红蛋白（HGB）90g/L、红细胞平均体积（MCV）62fL、平均血红蛋白量（MCH）18.9pg，诊断为缺铁性贫血。

该患者应选用何药治疗？使用该药时有哪些注意事项？

第三十三章　抗菌药物概论

一、综合分析选择题

患者，男，33 岁，阴茎头部出现下疳 2 个月，遂就诊，有不洁性接触史。诊断为梅毒。
1. 按病原体分类，梅毒属于（　　）
A. 细菌　　　　　B. 病毒
C. 支原体　　　　D. 螺旋体
E. 真菌
2. 应首选哪种药物进行治疗（　　）
A. 青霉素类　　　B. 头孢菌素类
C. 氨基糖苷类　　D. 大环内酯类
E. 四环素类
3. 此类抗菌药的抗菌作用机制是（　　）
A. 干扰细菌细胞壁合成
B. 增加细菌胞浆通透性
C. 抑制细菌蛋白质合成
D. 抑制细菌 DNA 回旋酶
E. 抑制细菌叶酸代谢
4. 此类药物的不良反应不含（　　）
A. 过敏反应　　　B. 赫氏反应
C. 中枢神经系统反应　D. 疼痛
E. 心血管不良反应
5. 此类药物长期用药产生耐药的机制为（　　）
A. 改变细菌胞浆膜通透性
B. 改变细菌体内靶位结构
C. 改变细菌代谢途径　D. 产生灭活酶
E. 细菌缺乏自溶酶
6. 可减少细菌对抗菌药物耐药性的措施不正确的是（　　）
A. 严格掌握抗菌药物的适应证，减少滥用
B. 给予足够的剂量和疗程
C. 必要的联合用药　D. 有计划地轮换用药
E. 尽量局部用药
7. 若要联合用药，下列哪项不是抗菌药物联合用药的目的（　　）
A. 扩大抗菌谱　　　B. 增强抗菌力
C. 减少耐药菌的出现　D. 延长作用时间
E. 减少毒副作用
8. 若要联合用药，以下哪条不是联合用药的明确指征（　　）
A. 病因未明的严重感染
B. 单一抗菌药物不能控制的严重感染
C. 预防感染
D. 免疫缺陷伴严重感染
E. 长期用药细菌出现耐药
9. 若立即给予青霉素注射治疗，10min 后患者出现胸闷、全身瘙痒、面部发麻，查体：血压 85/60mmHg，心率 110 次/min。请问该患者目前发生了（　　）
A. 反跳现象　　　B. 过敏反应
C. 特异质反应　　D. 胃肠道反应
E. 心血管不良反应
10. 患者出现上题中表现的原因最可能是（　　）
A. 药物剂量过大　　B. 给药方式错误
C. 未做皮肤过敏试验　D. 使用药物缺乏针对性
E. 患者体质特殊
11. 患者出现 9 题中的表现应如何急救（　　）
A. 减少药物剂量　　B. 给予糖皮质激素
C. 吸氧，给予普萘洛尔
D. 给予肾上腺素　　E. 换用头孢菌素类药物

二、案例分析

患者，男，21 岁，患有先天性心脏病，因发热持续 1 周以上入院，伴有呼吸困难，可闻及心脏杂音。实验室检查：白细胞 $13.1×10^9/L$，中性粒细胞 0.791，血红蛋白 112g/L，血沉 43mm/h，诊断为感染性心内膜炎。入院多次行血培养检查，采用青霉素进行治疗无效，换用头孢类抗生素仍无效。血培养提示为耐甲氧西林表皮葡萄球菌（MRSE）感染。药敏实验结果

显示头孢唑啉、头孢呋辛、头孢曲松、头孢他啶、头孢替坦、氨曲南、氨苄西林舒巴坦、美罗培南、亚胺培南、环丙沙星、左氧氟沙星等多种抗菌药物耐药。根据以上结果选用万古霉素进行治疗，患者病情缓解后出院。

1. 上呼吸道感染患者经常输注抗菌药物，是否合理？
2. 何为多药耐药？如何避免多药耐药的发生？
3. 抗菌药物的作用机制有哪些？
4. 简述细菌耐药的产生机制？
5. 耐药菌株产生的灭活酶有哪几种？

第三十四章 β-内酰胺类抗生素和其他作用于细胞壁的抗生素

一、综合分析选择题

患者，男，23岁，因咽痛、咳嗽5天前来就诊。自诉无过敏史，青霉素皮试阴性。遵医嘱给5%葡萄糖注射液250mL+注射用青霉素钠800万U静脉滴注。

1. 患者在静滴青霉素的第3天，突发气促、严重发绀以致呼吸暂停等呼吸衰竭危险。该患者可能发生（　　）
   A. 过敏反应　　　　B. 二重感染
   C. 赫氏反应　　　　D. 肾毒性
   E. 肝损害
2. 若发生上题中不良反应，应首选下列何种药物抢救（　　）
   A. 肾上腺素　　　　B. 葡萄糖酸钙
   C. 苯海拉明　　　　D. 去甲肾上腺素
   E. 泼尼松龙
3. 青霉素发生过敏反应的机制是（　　）
   A. 青霉素本身诱导机体发生变态反应
   B. 青霉素的降解产物诱导机体发生变态反应
   C. 青霉素加速抗原抗体结合
   D. 青霉素促进机体释放组胺、白三烯等致敏原
   E. 青霉素促进肥大细胞脱颗粒
4. 下列何种细菌对青霉素易产生抗药性（　　）
   A. 白喉杆菌　　　　B. 肺炎杆菌
   C. 淋球菌　　　　　D. 金黄色葡萄球菌
   E. 溶血性链球菌
5. 青霉素类药物共同具有的特点（　　）
   A. 耐酸，口服有效　　B. 耐β-内酰胺酶
   C. 主要用于革兰氏阳性菌感染
   D. 抗菌谱广
   E. 可能发生过敏性休克，并有交叉过敏反应
6. 下列关于青霉素类药物的使用及注意事项的叙述，错误的是（　　）
   A. 青霉素可用于鞘内注射
   B. 青霉素钾盐不可快速静脉注射
   C. 青霉素过敏者，青霉素类及其含酶抑制剂禁用
   D. 青霉素即刻过敏或休克者慎用或禁用头孢类
   E. 使用前必须做皮试，皮试阴性者方可使用
7. 若患者伴有绿脓杆菌引起的泌尿道感染应选用（　　）
   A. 青霉素　　　　　B. 羧苄青霉素
   C. 氯霉素　　　　　D. 头孢氨苄
   E. 阿莫西林
8. 若患者伴有铜绿假单胞菌感染，下列哪种药物抗菌活性更好（　　）
   A. 头孢西丁　　　　B. 头孢呋辛
   C. 哌拉西林　　　　D. 头孢地嗪

患者，女，61岁，几天前出现无明显诱因发热，体温最高39℃，伴寒战，无咳嗽、咳痰。门诊口服阿莫西林抗感染治疗4天症状无改善，于是转入院治疗。查体：体温39.2℃，呼吸22次/min，血压113/71mmHg，脉搏112次/min。患者神志清醒，精神差，颈软，咽不红，双侧扁桃体不大，双肺呼吸音清，无明显干湿啰音。血常规：白细胞$13.6×10^9$/L，中性粒细胞0.824，余无明显异常。

9. 若入院后给予亚胺培南-西司他丁静脉滴注，0.5g/次，每6小时1次。关于亚胺培南西司他丁，下列说法错误的是（　　）
   A. 为新型β-内酰胺类抗生素
   B. 既有极强的广谱抗菌活性，又有β-内酰胺酶抑制作用
   C. 使用前需要做皮试
   D. 特别适用于多种细菌联合的感染
   E. 严重的肾功能不全、中枢神经系统疾病的患者需要慎用
10. 患者使用亚胺培南-西司他丁期间的注意事项不包括（　　）
    A. 询问过敏史，使用期间密切关注过敏反应
    B. 有可能引起维生素D缺乏症状
    C. 胃肠道疾病尤其是结肠炎的患者慎用
    D. 需关注中枢神经系统不良反应

E. 不适用于脑膜炎的治疗
11. 若入院后给予头孢曲松进行治疗，关于头孢曲松，下列说法错误的是（　　）
A. 属于第四代头孢菌素类
B. 基本无肾毒性　　C. 抗菌谱广
D. 对多种 β-内酰胺酶稳定
E. 对铜绿假单胞菌、肠杆菌及厌氧菌敏感
12. 头孢曲松的常见不良反应不包括（　　）
A. 胃肠道反应　　　B. 过敏反应
C. 双硫仑样反应　　D. 反跳现象
E. 肾毒性
13. 头孢曲松属于头孢菌素类，下列有关头孢菌素的叙述，错误的是（　　）
A. 与青霉素相似，同属于 β-内酰胺类抗生素
B. 与青霉素类无交叉过敏反应
C. 与青霉素比较有广谱、耐酸、耐酶等特点
D. 与氨基糖苷类抗生素合用，可增加肾毒性
E. 第三代头孢菌素的半衰期最长

患儿，男，5 岁，体重 25kg，有癫痫史、青霉素过敏史，因急性胆囊炎合并腹腔感染住院治疗，体温 39.6℃，实验室检查：白细胞计数 $16.5×10^9$/L，肝、肾功能正常，医生予以美罗培南静脉滴注（说明书规定小于 12 岁的儿童的剂量是 10～20mg/kg）。

14. 美罗培南属于（　　）
A. 头孢菌素类　　　B. 头霉素类
C. 氧头孢烯类　　　D. 碳青霉烯类
E. 单环 β-内酰胺类
15. 关于此药物下列说法错误的是（　　）
A. 抗菌谱广　　　　B. 抗菌活性强
C. 对 β-内酰胺酶稳定
D. 可口服
E. 可引起中枢神经系统不良反应
16. 患儿应用美罗培南的合理用法是（　　）
A. 0.5g 每日 1 次　　B. 0.5g 每 12 小时 1 次
C. 0.5g 每 8 小时 1 次　D. 0.5g 每 4 小时 1 次
E. 0.5g 每日 4 次
17. 用药过程中，应密切监测的不良反应是（　　）
A. 前庭神经功能障碍　B. 承重关节损伤
C. 日光性皮炎　　　D. 视神经视网膜炎
E. 中枢神经系统症状
18. 若此患儿在用药过程中癫痫复发，不可选用的抗癫痫药是（　　）

A. 丙戊酸钠　　　　B. 乙琥胺
C. 地西泮　　　　　D. 左乙拉西坦
E. 氯硝西泮

患者，男，25 岁，因咽痛、咳嗽 3 日就诊，诊断：咽炎，注射青霉素后 1min 呼吸急促、面部发绀，心率 130 次 /min，血压 60/40mmHg。

19. 避免发生青霉素过敏反应的主要防治措施，以下不正确的是（　　）
A. 注射液临用现配
B. 仔细询问过敏史，对青霉素过敏者禁用
C. 皮试阳性者，注射青霉素前先预备肌内注射急救药物
D. 避免饥饿时注射青霉素
E. 初次使用或换批号者必须做皮肤过敏试验
20. 青霉素过敏的抢救药物是（　　）
A. 地塞米松 + 去甲肾上腺素
B. 地塞米松 + 多巴胺
C. 曲安西龙 + 异丙肾上腺素
D. 地塞米松 + 肾上腺素
E. 地塞米松 + 山莨菪碱
21. 青霉素发生过敏反应的机制是（　　）
A. 青霉素本身诱导机体发生变态反应
B. 青霉素的降解产物诱导机体发生变态反应
C. 青霉素加速抗原、抗体结合
D. 青霉素促进机体释放组胺、白三烯等致敏原
E. 青霉素促进肥大细胞脱颗粒
22. 使用青霉素 G 无效的病菌为（　　）
A. 革兰氏阳性球菌　B. 革兰氏阳性杆菌
C. 革兰氏阴性球菌　D. 绿脓杆菌
E. 梅毒螺旋体
23. 若该患者为革兰氏阴性菌感染宜选用的药物是（　　）
A. 头孢唑林　　　　B. 头孢他啶
C. 克拉维酸　　　　D. 氨曲南
E. 拉氧头孢
24. 若患者肾功能不良，下列药物不宜用的是（　　）
A. 青霉素 G　　　　B. 半合成广谱青霉素
C. 第一代头孢菌素　D. 第四代头孢菌素类
E. 第三代头孢菌素
25. 若要改为口服用药进行治疗，下列药物中可选用的是（　　）
A. 头孢哌酮　　　　B. 头孢曲松
C. 头孢氨苄　　　　D. 头孢唑林

E. 头孢他啶

二、案例分析

患者，男，38 岁，平时嗜酒，因酒后跌倒，感腹部不适就诊。查体：生命体征正常；神志清楚；呼出气体可闻及酒精气味；双肺呼吸音粗，右下肺闻及细湿啰音；心律齐；腹软，无反跳痛；右上腹部皮肤肿胀，片状瘀斑，触痛明显。实验室检查：血糖 4.3mmol/L，电解质及肝功能正常。胸片、腹部 B 超及 CT 未见异常。诊断：腹壁皮肤挫伤，急性酒精中毒，吸入性肺炎。治疗：补液，同时应用纳洛酮并补充维生素，因不排除误吸可能，给予头孢哌酮抗感染。患者静脉滴注头孢哌酮 20min 后，出现头晕、心悸、胸闷症状，恶心明显加重，伴视物模糊并感气促、全身皮肤发红，血压降至 80/49mmHg。遂停用头孢哌酮，给予吸氧及异丙嗪处理，并继续使用纳洛酮，2h 后患者好转。

1. 最初的治疗处方是否合理？
2. 该患者使用头孢哌酮后出现的反应是何现象？
3. 头孢菌素类抗生素临床应用应注意哪些问题？
4. 头孢哌酮属于 β-内酰胺类药物，请简述此类药物的分类及其主要作用机制。
5. 头孢哌酮属于头孢菌素类，请简述头孢菌素类药物的分类，列举代表药物。说明第三代头孢菌素类药物的抗菌作用特点、临床应用及主要不良反应。
6. 若改为使用青霉素 G 进行治疗，请简述此药物的主要不良反应以及防治措施。

第三十五章 氨基糖苷类抗生素

一、综合分析选择题

患者，男，22 岁，因腹痛、腹泻 2 天就诊。门诊以急性胃肠炎给予 5% 葡萄糖氯化钠注射液 500mL 加庆大霉素注射液 24 万 U 静脉滴注。

1. 庆大霉素属于（　　）
A. 多黏菌素类　　B. 青霉素类
C. 头孢菌素类　　D. 大环内酯类
E. 氨基糖苷类
2. 氨基糖苷类抗生素不包括（　　）
A. 庆大霉素　　B. 妥布霉素
C. 大观霉素　　D. 白霉素
E. 小诺米星
3. 庆大霉素一日 1 次给药的理论依据是（　　）
A. 抗菌作用强　　B. 抗菌谱广
C. 耳毒性轻　　D. 具有抗菌后效应
E. 肾毒性轻
4. 若用药 3 天后查尿常规，尿蛋白（++），说明庆大霉素（　　）
A. 出现肾毒性　　B. 出现过敏反应
C. 用量不足　　D. 影响造血功能
E. 诱发溶血性贫血
5. 庆大霉素与羧苄西林合用（　　）
A. 协同抗绿脓杆菌作用
B. 配伍禁忌
C. 用于急性心内膜炎
D. 用于耐药金葡萄球菌感染
E. 以上都不是
6. 氨基糖苷类抗生素对下列哪类细菌无效（　　）
A. 革兰氏阳性菌　　B. 革兰氏阴性菌
C. 厌氧菌　　D. 结核杆菌
E. 绿脓杆菌
7. 细菌对氨基糖苷类产生耐药性原因为产生（　　）
A. 钝化酶　　B. 水解酶
C. 转肽酶　　D. β-内酰胺酶
E. DNA 促旋酶
8. 氨基糖苷类药物中毒性最大，不适合作全身感染用药的是（　　）
A. 庆大霉素　　B. 妥布霉素
C. 链霉素　　D. 卡那霉素
E. 新霉素
9. 氨基糖苷类药物的不良反应，不包括（　　）
A. 耳毒性　　B. 神经肌肉阻断作用
C. 肾毒性　　D. 心脏毒性
E. 过敏反应
10. 氨基糖苷类药物中毒性最大，不适合作全身感染用药的是（　　）
A. 庆大霉素　　B. 妥布霉素
C. 链霉素　　D. 卡那霉素
E. 新霉素

患者，女，26 岁，因大面积烧伤合并感染入院。

11. 若患者合并绿脓杆菌感染，选用羧苄西林治疗时应注意不能与下列何药混合注射（　　）
A. 头孢拉定　　B. 庆大霉素

C. 磺胺嘧啶 D. 青霉素 G
E. 红霉素

12. 若患者合并肠杆菌属细菌和铜绿假单胞菌感染，选用氨基糖苷类药物与头孢哌酮联用可产生（ ）
A. 增强 B. 降低
C. 无影响 D. 消失
E. 协同

13. 若患者合并甲氧西林耐药的葡萄球菌严重感染，宜选用（ ）
A. 庆大霉素 B. 链霉素
C. 多黏菌素 D. 万古霉素
E. 四环素

患者，女，32岁，因肺结核入院，给予抗结核治疗。

14. 治疗时宜选用（ ）
A. 庆大霉素 B. 链霉素
C. 多黏菌素 D. 万古霉素
E. 四环素

15. 若肌内注射此药10min后患者出现头晕、耳鸣、乏力、呼吸困难等症状，继而出现意识模糊、晕倒、血压下降、心律失常等症状。患者出现上述症状的可能原因是（ ）
A. 神经毒性 B. 神经肌肉阻滞作用
C. 肾毒性 D. 过敏性休克
E. 突发心肌梗死

16. 若患者出现上题中的情况，应该给予急救的药物是（ ）
A. 葡萄糖 B. 葡萄糖酸钙
C. 胺碘酮 D. 利多卡因
E. 肝素

17. 若患者合并泌尿系感染，可选用氨基糖苷类药物主要原因是（ ）
A. 对尿道感染常见的致病菌敏感
B. 大量原形药物由肾排出
C. 使肾皮质激素分泌增加
D. 对肾毒性低 E. 以上均是

18. 若患者出现全身感染症状，下列哪种药物因毒性太大不适合选用（ ）
A. 庆大霉素 B. 妥布霉素
C. 链霉素 D. 卡那霉素
E. 新霉素

19. 若患者合并系统性铜绿假单胞菌感染，下列药物中可选用的是（ ）

A. 链霉素 B. 妥布霉素
C. 庆大霉素 D. 新霉素
E. 卡那霉素

20. 若患者自述妊娠3个月，下列药物因可致胎儿永久性耳聋而不能选用的是（ ）
A. 氨基糖苷类 B. 氮芥类
C. 甲巯咪唑 D. 头孢菌素类
E. 大环内酯类

二、案例分析

患儿，女，5岁，发热后家长自行喂其服用退热药，无效，后出现咳嗽、咳痰、流鼻涕且症状反复，于当地乡镇卫生所就诊，诊断为肺炎。给予头孢呋辛、阿米卡星、氨溴索静脉滴注治疗。10天后患儿自述常闻沉闷雷声、耳鸣眩晕、耳道发胀，且伴有恶心反胃，家长随即带患儿就诊于市医院耳鼻咽喉科，听力测试检查结果表明听力下降。初步诊断为药源性耳聋。

1. 导致患者药源性耳聋的原因是什么？
2. 氨基苷类抗生素的主要不良反应是什么，应如何防治？
3. 简述氨基糖苷类抗生素的共同特点。
4. 简述阿米卡星的作用特点和临床应用。
5. 如何预防氨基糖苷类抗生素的不良反应？

第三十六章 大环内酯类及其他抗生素

一、综合分析选择题

患儿，男，6岁，因高热伴憋喘6天入院，查体：双肺可闻及广泛小水泡音，诊断：支气管肺炎，青霉素皮试（−）。

1. 宜选用哪种药物进行治疗（ ）
A. 氯霉素 B. 四环素
C. 头孢唑林 D. 多西环素
E. 阿奇霉素

2. 该药同头孢哌酮舒巴坦钠合用易发生的不良反应是（ ）
A. 皮疹 B. 神经毒性反应
C. 双硫仑样反应 D. 肌病
E. 肾毒性

3. 该药属于（ ）
A. 氨基糖苷类 B. 青霉素类
C. 头孢菌素类 D. 四环素类

E. 大环内酯类
4. 该药对下列哪类细菌无效（　　）
   A. 革兰氏阳性球菌　　B. 革兰氏阴性球菌
   C. 衣原体和支原体　　D. 军团菌
   E. 大肠杆菌
5. 关于该药，下列说法错误的是（　　）
   A. 可口服，且吸收较好
   B. 血浆蛋白结合率高
   C. 大部分以原型经粪便排出体外
   D. 为同类药物中半衰期最长者
   E. 对某些 G⁻有杀菌作用
6. 若患者伴有军团菌感染，首选药物是（　　）
   A. 克林霉素　　　　B. 链霉素
   C. 替莫西林　　　　D. 红霉素
   E. 四环素
7. 若患者伴有金黄色葡萄球菌引起的骨髓炎，首选药物是（　　）
   A. 红霉素　　　　　B. 克林霉素
   C. 链霉素　　　　　D. 四环素
   E. 替莫西林
8. 关于 6 题中药物，下列说法正确的是（　　）
   A. 对各类厌氧菌无抗菌作用
   B. 对肠球菌、MRSA 及肺炎支原体敏感
   C. 口服吸收不好
   D. 体内分布广泛，在骨组织中浓度尤其高
   E. 可引起患者假膜性肠炎，且不可用甲硝唑进行防治

   患者，男，15 岁，秋游后出现低热、乏力咳嗽、少量黏痰近 2 周，X 线胸片示两下肺网状及按小叶分布的斑片状浸润阴影。血常规：白细胞 $9.8×10^9/L$。
9. 经验性治疗的首选药物是（　　）
   A. 红霉素　　　　　B. 青霉素
   C. 庆大霉素　　　　D. 抗结核药
   E. 氟康唑
10. 该药物最有可能发生的不良反应是（　　）
    A. 二重感染　　　　B. 骨髓抑制
    C. 假膜性肠炎　　　D. 胃肠道反应
    E. 肾损害
11. 有关该药体内过程的论述错误的是（　　）
    A. 有肝肠循环　　　B. 体内分布广
    C. 耐酸，口服吸收好
    D. 胆汁及前列腺中浓度高
    E. 可透过胎盘及进入乳汁

12. 该药抑制蛋白质合成的作用位点是（　　）
    A. 与敏感菌核糖体 30S 亚基的 P 位结合
    B. 与敏感菌核糖体 50S 亚基的 P 位结合
    C. 与敏感菌核糖体 30S 亚基的 A 位结合
    D. 与敏感菌核糖体 50S 亚基的 A 位结合
    E. 阻止终止因子 R 进入 A 位
13. 该药口服的主要不良反应是（　　）
    A. 过敏反应　　　　B. 肝损害
    C. 肾损害　　　　　D. 二重感染
    E. 耳毒性
14. 关于该药的临床应用，下列说法不正确的是（　　）
    A. 主要用于耐青霉素的轻、中度金葡球菌感染
    B. 对青霉素过敏者可选用
    C. 主要不良反应为胃肠道反应
    D. 不宜与林可霉素合用
    E. 该药可用于变形杆菌感染

    患者，男，26 岁，诉发热、全身酸痛、头痛、乏力等，伴有阵发性刺激性干咳，红细胞冷凝集试验阳性，血清肺炎支原体抗体阳性。
15. 应该用下列哪种药物（　　）
    A. 四环素　　　　　B. 链霉素
    C. 青霉素　　　　　D. 氯霉素
    E. 庆大霉素
16. 该类药物对下列哪种疾病首选（　　）
    A. 斑疹伤寒　　　　B. 伤寒
    C. 流行性脑脊髓膜炎　D. 大叶性肺炎
    E. 假膜性小肠结肠炎
17. 该类药物对八岁以下儿童禁用是因其（　　）
    A. 胃肠道反应　　　B. 二重感染
    C. 肝损害　　　　　D. 对骨、牙生长的影响
    E. 过敏反应
18. 关于该类药物，下列说法不正确的是（　　）
    A. 口服易吸收
    B. 不宜与含 Ca^{2+}、Mg^{2+} 等阳离子的药物入抗贫血药合用
    C. 通过抑制细菌蛋白合成而快速抑菌
    D. 抗菌谱广，对结核分枝杆菌、病毒和真菌均有抑制作用
    E. 是鼠疫和霍乱的首选药
19. 如果在治疗过程中患者出现剧烈腹泻、肠壁坏死、发热、体液渗出、休克等症状，应考虑（　　）
    A. 二重感染　　　　B. 过敏反应

C. 胃肠道反应　　　　D. 肝脏损害
E. 肾脏损害
20. 针对上题中患者用药后症状，需要（　　）
A. 立即停药，并用甲硝唑或万古霉素进行治疗
B. 立即应用大剂量抗生素，同时应用大剂量糖皮质激素并进行抗休克治疗
C. 立即停药，并用地塞米松+去甲肾上腺素进行治疗
D. 立即停药，并用地塞米松+多巴胺进行治疗
E. 立即停药，并用地塞米松+肾上腺素进行治疗

患者，男性，26岁，因咳嗽伴间断发热1周入院，查体：体温38.9℃，心率90次/min，呼吸21次/min，血压110/70mmHg，血常规：白细胞$16.9×10^9$/L，中性粒细胞0.846；胸部CT示右下肺炎症。诊断：右侧肺炎。

21. 若采用莫西沙星治疗3天后患者仍有高热，复查CT示病灶范围增大，加用万古霉素1g，1次/日，静脉滴注。下列说法不正确的是（　　）
A. 万古霉素使用频次不合理
B. 万古霉素可覆盖耐甲氧西林金黄色葡萄球菌
C. 万古霉素对大肠埃希菌无效
D. 万古霉素对支原体无效
E. 万古霉素属氨基糖苷类

22. 需常规做万古霉素血药浓度监测的人群不包括（　　）
A. 肝功能不全者　　B. 肾功能不全者
C. 老年人
D. 推荐应用大剂量万古霉素来维持其血药浓度在15～20μg/mL并且长疗程的患者
E. 新生儿

23. 万古霉素不良反应不包括（　　）
A. 听力损害　　　　B. 视神经损害
C. 红人综合征　　　D. 血栓性静脉炎
E. 肾毒性

24. 若换用万古霉素3天后仍体温控制不佳，次日抽血送检，万古霉素谷浓度测定：2.7mg/L，下列说法错误的是（　　）
A. 在使用万古霉素的第4个维持剂量给药前测定谷浓度
B. 该患者用法不能维持全天稳定的血药浓度
C. 万古霉素是浓度依赖性抗菌药物
D. 该万古霉素浓度偏低
E. 应适当增加给药剂量

25. 关于万古霉素，下列说法错误的是（　　）

A. 抑菌机制为抑制细菌细胞壁的合成
B. 使用时应避免同服有耳毒性和肾毒性的药物
C. 只能静脉给药
D. 静脉滴注速度可较快
E. 大剂量使用可引起耳毒性和肾毒性等严重不良反应

二、案例分析

患者，女，34岁，乏力头痛，肌肉酸痛伴反复发热、轻度鼻塞流涕，2～3天后伴发刺激性咳嗽，咯少量黏痰，且伴随胸骨下疼痛。查体：咽中度充血，耳鼓膜充血，肺部明显湿啰音，胸部X线可见模糊云雾状阴影。血常规示单核细胞计数略增高，血小板计数正常，肺炎支原体抗体阳性，诊断为支原体肺炎。采用静脉滴注阿奇霉素，治疗1周后症状仍无缓解，医生判断该患者为阿奇霉素耐药。

1. 阿奇霉素的耐药机制是什么？
2. 该患者还可以选用什么药物进行治疗？
3. 若该患者选用红霉素进行治疗，请简述其作用机制、抗菌谱、主要不良反应及禁忌证。

第三十七章　人工合成抗菌药

一、综合分析选择题

患者，男，26岁，因咳嗽伴间断发热1周入院，查体：体温38.80℃，心率90次/min，呼吸21次/min，血压112/73mmHg，血常规：白细胞$18.3×10^9$/L，中性粒细胞0.826；胸部CT示左下肺炎症。诊断：左侧肺炎。

1. 入院后使用莫西沙星注射液抗感染，下列说法不正确的是（　　）
A. 莫西沙星可覆盖社区获得性肺炎的常见病原体
B. 莫西沙星对非典型病原体无效
C. 莫西沙星对厌氧菌有效
D. 莫西沙星属于氟喹诺酮类
E. 莫西沙星在肺组织浓度较高

2. 莫西沙星属于（　　）
A. β-内酰胺类　　　B. 头孢菌素类
C. 喹诺酮类　　　　D. 大环内酯类
E. 四环素类

3. 下列哪项不是莫西沙星主要不良反应（　　）
A. 胃肠道刺激症状　B. 肝毒性
C. 骨髓抑制　　　　D. 神经系统反应
E. 软骨损害

4. 若患者年龄小于 18 岁，临床用药不能使用哪类药品（　　）
A. β-内酰胺类　　　　B. 氟喹诺酮类
C. 头孢菌素类　　　　D. 大环内酯类
E. 四环素类

5. 若患者为重症肌无力患者，不能使用哪类药品（　　）
A. 青霉素类　　　　　B. 头孢菌素类
C. 氟喹诺酮类　　　　D. 大环内酯类
E. 四环素类

6. 根据 PK/PD（药代动力学/药效动力学）的特性，莫西沙星属于（　　）
A. 浓度依赖型　　　　B. 时间依赖型
C. 给药方式依赖型
D. 给药方式-时间依赖型
E. 时间-剂量依赖型

7. 此类药物发挥抗革兰氏阴性球菌的机制为（　　）
A. 干扰细菌细胞壁合成
B. 抑制细菌叶酸代谢
C. 抑制细菌 DNA 回旋酶
D. 抑制细菌 DNA 拓扑异构酶Ⅳ
E. 增加细胞胞浆通透性

8. 此类药物发挥抗革兰氏阳性菌的机制为（　　）
A. 干扰细菌细胞壁合成
B. 增加细菌胞浆通透性
C. 抑制细菌 DNA 回旋酶
D. 抑制细菌 DNA 拓扑异构酶Ⅳ
E. 抑制细菌叶酸代谢

9. 下列哪种病原菌不易对此类药物产生耐药（　　）
A. 铜绿假单胞菌　　　B. 金黄色葡萄球菌
C. 肺炎链球菌　　　　D. 军团菌
E. 肠球菌

10. 关于此类药物耐药的说法不正确的是（　　）
A. DNA 回旋酶发生变异
B. 细胞质膜外排泵功能增强
C. 细胞质膜对药物的通透性降低
D. 同类药物之间会有交叉耐药现象
E. 耐药菌感染可用头孢菌素类进行治疗

二、案例分析

患者，女，36 岁，因咳嗽伴发热 3 天入院。3 天前患者淋雨后出现阵发性咳嗽，咳少量黄白色黏痰；畏寒、寒战、发热，体温最高 38.9℃；气喘，咳嗽或活动后加重；胸痛，咳嗽或深呼吸时加重。入院查体：体温 37.8℃，脉搏 76 次/min，呼吸 28 次/min，血压 133/82mmHg，呼吸音粗，可闻及少量湿啰音。白细胞计数 $11.9×10^9$/L，中性粒细胞 0.868。肺部 CT 示：双下肺炎症。心电图未示明显异常。初步诊断：社区获得性肺炎。遂给予莫西沙星经验性抗感染治疗。入院 2 天后患者突然出现意识模糊、认知障碍、烦躁、多语等精神症状，清醒后对此无记忆，觉胸闷、气短加重，复查心电图示 O-T 间期延长。将莫西沙星更换为头孢他啶后，未再出现上述症状。2 天后复查心电图 Q-T 间期恢复正常。

1. 该患者发生精神症状、Q-T 间期延长的原因是什么？
2. 喹诺酮类药物药理作用的主要特点有哪些？
3. 喹诺酮类药物有哪些不良反应？

患者，女，45 岁，门诊诊断为肺孢子菌肺炎入院治疗。

4. 该患者应首选那种药物进行治疗？
5. 此类药物的抗菌作用机制有哪些？
6. 此类药物的不良反应和防治措施分别是什么？
7. 此类药物为什么会造成泌尿系统损伤，应如何预防？

第三十八章　抗结核病药与抗麻风病药

一、综合分析选择题

患者，男性，23 岁。患者 2 年前出现咳嗽，低热，气喘，胸闷隐痛，盗汗。结合其 X 线检查结果医生诊断为肺结核，以抗结核药物治疗。

1. 对该患者抗结核治疗的一线药物不包括（　　）
A. 异烟肼　　　　　　B. 利福平
C. 吡嗪酰胺　　　　　D. 乙胺丁醇
E. 链霉素

2. 对该患者抗结核治疗的原则不包括（　　）
A. 早期用药　　　　　B. 联合用药
C. 规律用药　　　　　D. 全程用药
E. 足量用药

3. 合用下列药物可减少耐药性产生的是（　　）

A. 链霉素　　　　　　B. 乙胺丁醇
C. 青霉素　　　　　　D. 吡嗪酰胺
E. 司帕沙星

4. 属于一线的常用抗结核病药是（　　）
A. 对氨基水杨酸　　　B. 异烟肼
C. 乙硫异烟胺　　　　D. 卷曲霉素
E. 环丝氨酸

5. 若选用异烟肼进行治疗，下列有关异烟肼的错误叙述是（　　）
A. 抗菌力强　　　　　B. 穿透力强
C. 单用时结核杆菌不易产生耐药性
D. 对结核杆菌有高度的选择性
E. 口服易吸收

6. 下列抗结核药物中可引起球后视神经炎的是（　　）
A. 异烟肼　　　　　　B. 利福平
C. 乙胺丁醇　　　　　D. 链霉素
E. 对氨基水杨酸

7. 可能诱发痛风的抗结核药物是（　　）
A. 吡嗪酰胺　　　　　B. 乙胺丁醇
C. 链霉素　　　　　　D. 异烟肼
E. 利福平

8. 下列抗菌药中对结核菌无效的是（　　）
A. 链霉素　　　　　　B. 庆大霉素
C. 卡那霉素　　　　　D. 利福平
E. 对氨基水杨酸

9. 兼有抗结核病及抗麻风病的药物是（　　）
A. 异烟肼　　　　　　B. 乙胺丁醇
C. 利福平　　　　　　D. 链霉素
E. 丙硫异烟胺

10. 若选用利福平，因妨碍利福平吸收不能同时使用的药物是（　　）
A. 链霉素　　　　　　B. 异烟肼
C. 丙硫异烟胺　　　　D. 乙胺丁醇
E. 对氨基水杨酸

11. 对利福平的描述，错误的是（　　）
A. 抗菌谱窄，只作用于结核分枝杆菌
B. 为肝药酶诱导剂
C. 抗结核病时，可诱发流感样综合征
D. 单用易产生耐药
E. 穿透力强

12. 若采用肌内注射链霉素治疗结核时，患者出现四肢软弱无力，呼吸困难甚至停止，医生应给予哪种药物进行解救（　　）
A. 尼可刹米注射液　　B. 氯化钙注射液
C. 毒扁豆碱注射液　　D. 肾上腺素注射液
E. 酚妥拉明注射液

患儿，男，2岁；因发热7天，喷射性呕吐2天，昏迷伴反复抽搐1天入院。查体：体温39.2℃，脉搏143次/min，呼吸39次/min，体重8kg，浅昏迷状，脑膜刺激征(+)。脑脊液生化：葡萄糖、氧化物同时降低，蛋白质升高。结核菌素纯蛋白衍生物PPD（+++），诊断为结核性脑膜炎。

13. 在抗结核联合治疗方案中，最好不用（　　）
A. 异烟肼　　　　　　B. 利福平
C. 吡嗪酰胺　　　　　D. 利福喷丁
E. 链霉素

14. 对本患儿的治疗的描述，错误的是（　　）
A. 应联合应用易透过血脑屏障的抗结核药
B. 可使用脱水药
C. 可使用利尿药
D. 及时控制抽搐
E. 临床症状消失后即可停用抗结核药

二、案例分析

患者，女，30岁。自述反复咳嗽、咳痰3个多月，近1周加重，出现痰中带血，伴乏力、消瘦、低热。入院前曾接受头孢类抗生素和氟喹诺酮类等药物抗感染治疗3周，但症状未见改善，遂住院治疗。体格检查：体温38.3℃，听诊右肺呼吸音减弱，咳嗽后闻及湿啰音。实验室检查：痰涂片抗酸杆菌(++)，血沉42mm/h。X线胸片示右肺上叶可见小斑片状模糊阴影，密度不均，边缘不清。诊断：浸润型肺结核。治疗：每日口服异烟肼300mg、利福平300mg、吡嗪酰胺500mg，治疗2个月后复查，症状明显好转，痰涂片抗酸杆菌转阴，X线胸片显示肺部阴影明显缩小，病情稳定。患者继续坚持服异烟肼、利福平进行4个月的巩固期治疗，效果良好。

1. 该患者采用的是何种治疗方案，该治疗方案有哪些优点？
2. 治疗方案中异烟肼、利福平、吡嗪酰胺抗结核作用有何特点，主要不良反应有哪些？
3. 抗结核病药的用药原则有哪些？
4. 异烟肼的药理作用、作用机制及临床应用。

第三十九章 抗真菌药

一、综合分析选择题

患儿，女，4月龄，因口腔黏膜出现白色块状物4天就诊。诊断：鹅口疮。

1. 鹅口疮是哪一类病原体感染所致（　　）
   A. 疱疹病毒　　　　B. 白色念珠菌
   C. 变异链球菌　　　D. 棒状杆菌
   E. 支原体

2. 对此患儿合理的处理措施是（　　）
   A. 克霉唑局部涂抹　　B. 氟康唑口服
   C. 咪康唑口服　　　　D. 制霉菌素局部涂抹
   E. 酮康唑局部涂抹

3. 咪唑类抗真菌药的作用机制是（　　）
   A. 抑制核酸合成　　B. 抑制二氢叶酸合成酶
   C. 抑制二氢叶酸还原酶
   D. 抑制蛋白质合成
   E. 抑制细胞膜类固醇合成，使其通透性增加

4. 属于咪唑类的广谱抗真菌药物是（　　）
   A. 灰黄霉素　　　　B. 制霉菌素
   C. 两性霉素B　　　 D. 氟胞嘧啶
   E. 酮康唑

5. 若患者合并感染真菌性脑膜炎，需配合小剂量鞘内注射的药物是（　　）
   A. 制霉菌素　　　　B. 灰黄霉素
   C. 两性霉素B　　　 D. 酮康唑
   E. 克霉唑

6. 易透过血脑屏障进入脑脊液的抗真菌药是（　　）
   A. 灰黄霉素　　　　B. 制霉菌素
   C. 酮康唑　　　　　D. 咪康唑
   E. 氟康唑

7. 若患儿出现全身性深部真菌感染，需选用（　　）
   A. 灰黄霉素　　　　B. 两性霉素B
   C. 制霉菌素　　　　D. 酮康唑
   E. 克霉唑

8. 若患儿伴有皮肤癣菌感染，临床常选用（　　）
   A. 灰黄霉素　　　　B. 两性霉素B
   C. 制霉菌素　　　　D. 克霉唑
   E. 以上均可用

患者，女，66岁，5天前无明显诱因出现发热，体温最高39℃，伴寒战；无咳嗽、咳痰。于门诊阿莫西林抗感染治疗4天无改善，遂转入院治疗。入院查体：体温38.6℃，呼吸22次/min，血压114/76mmHg，心率113次/min。神清、精神差、颈软、咽不红、双扁桃体不大；双肺呼吸音清，无明显干湿啰音。查血常规白细胞$13.4×10^9$/L，中性粒细胞0.825，胸片、肝肾功能未见明显异常。入院后给予注射用亚胺培南-西司他丁钠0.5g，每6小时1次，治疗3天，患者仍有高热、寒战，CT回报两肺下叶斑片状密度增高影，真菌β-D-葡聚糖试验：550pg/mL，考虑真菌感染，加用氟康唑。

9. 下列说法正确的是（　　）
   A. 氟康唑对曲霉菌有效
   B. 氟康唑是肝药酶诱导剂
   C. 氟康唑用于治疗侵袭性念珠菌感染
   D. 氟康唑首次使用不需给予负荷剂量
   E. 氟康唑主要经胆汁排出

10. 氟康唑对以下哪一种真菌无抗菌活性（　　）
    A. 白色念珠菌　　　B. 克柔念珠菌
    C. 热带念珠菌　　　D. 新型隐球菌
    E. 近平滑念珠菌

11. 关于氟康唑的药物相互作用，下列说法错误的是（　　）
    A. 氟康唑可使华法林代谢加快
    B. 氟康唑抑制卡马西平代谢
    C. 氟康唑可减慢硝苯地平代谢引起下肢水肿
    D. 氟康唑可延长口服降糖药的半衰期导致低血糖
    E. 氟康唑可使环孢素血药浓度升高

12. 为预防患者为长期使用光谱抗生素引发的真菌二重感染，可选用（　　）
    A. 伊曲康唑　　　　B. 氟康唑
    C. 制霉菌素　　　　D. 伏立康唑
    E. 两性霉素B

患者，女性，28岁，已婚，因患白血病入院，化疗后粒细胞缺乏伴发热。

13. 在病原菌未明的情况下，预防侵袭性真菌感染不宜选用的药物是（　　）
    A. 伊曲康唑　　　　B. 氟康唑
    C. 米泊芬净　　　　D. 伏立康唑
    E. 两性霉素B

14. 若患者出现阴道白色念珠菌感染，可选用（　　）
    A. 制霉菌素　　　　B. 灰黄霉素
    C. 碘化物　　　　　D. 两性霉素B
    E. 利福平

15. 对浅表和深部真菌都有疗效的药物是（　　）
A. 酮康唑　　　　　　B. 灰黄霉素
C. 咪康唑　　　　　　D. 特比萘芬
E. 氟康唑

二、案例分析

患者，女，62岁，因咳嗽、咳痰2周，畏寒、发热1周入院。患者2周前无明显诱因出现咳嗽，咳白色泡沫黏痰，无发热，无咯血，曾使用阿莫西林、阿奇霉素等药物治疗，咳嗽无好转。1周前患者出现发热，体温最高38.8℃，静脉输注头孢曲松钠、加替沙星等药物，无明显疗效。患者因病情加重入院治疗。痰真菌涂片示可见菌丝，痰真菌培养为念珠菌。胸部X线显示双下肺纹理增多，弥漫性斑点状、小片状阴影；肝肾功能正常。诊断：肺念珠菌病。氟康唑静脉滴注首次0.4g，以后0.2g，每晚1次，治疗4周后痊愈。

1. 氟康唑的药理作用是什么？
2. 除氟康唑外，本患者的治疗还可选择哪些抗真菌药物？
3. 试述两性霉素B的作用、作用机制和临床应用。
4. 简述氟康唑的抗真菌作用特点和主要用途。

第四十章　抗病毒药

一、综合分析选择题

患者，47岁，男，检查发现ALT异常升高入院。其兄有乙型病毒性肝炎（HBV）相关性肝硬化病史。实验室检查：ALT水平显著高于正常值，乙型肝炎表面抗原（HBsAg）（+），乙型肝炎e抗原（HBeAg）（+），乙型肝炎e抗体（HBeAb）（-）。诊断：乙型病毒性肝炎。

1. 该患者可用的治疗药物为（　　）
A. 拉米夫定　　　　　B. 青霉素
C. 两性霉素B　　　　D. 阿昔洛韦
E. 金刚乙胺
2. 该药物的不良反应说法不正确的是（　　）
A. 呼吸道感染症状
B. 头痛、恶心、身体不适
C. 腹痛、腹泻
D. 症状较轻则可以自行缓解
E. 瑞氏综合征

二、案例分析

患者，男，56岁，右季肋区烧灼样疼痛4天，加重2天，且相应皮肤出现成簇水疱。查体：体温37℃，脉搏70次/min，呼吸20次/min，血压122/66 mmHg。右季肋区可见自腰背部沿肋间神经至上腹部呈带状分布的疱疹，未超过正中线，疱疹无糜烂、结痂。诊断为带状疱疹。用药方案：阿昔洛韦注射液0.2g/次，每4小时1次，连用10天；阿昔洛韦乳剂局部涂抹，日间每2小时1次，连用7天。

1. 请问本患者的治疗方案是否合理？
2. 医生给一位病毒性感冒的患者开了下列处方：利巴韦林片0.2g×24片，每次1片，3次/日，口服，阿莫西林胶囊0.3g×18粒，每次2粒，3次/日，口服。请分析处方是否合理，为什么？

第四十一章　抗寄生虫病药

一、综合分析选择题

患者，男，54岁，曾进入疟区，两周后，自觉骤感畏寒，皮肤起鸡皮疙瘩，口唇、指甲发绀，颜面苍白，全身发抖，盖几床被子仍不能制止，持续约10min寒战自然停止，面色转红，发绀消失，体温迅速上升，全身大汗淋漓，体温达40℃。诊断：疟疾。

1. 下列控制疟疾症状的药物是（　　）
A. 乙胺嘧啶　　　　　B. 青蒿素
C. 二氢依米丁　　　　D. 甲硝唑
E. 阿苯达唑
2. 下列为根治疟疾和防止复发可选用（　　）
A. 青蒿素　　　　　　B. 甲氟喹
C. 乙胺嘧啶　　　　　D. 伯氨喹
E. 氯喹

二、案例分析

患者，男，49岁，到非洲技术援助23天。患者回国1个星期后，突然高热，体温达到40℃，自以为感冒，到就近医院按感冒治疗3天，但病情加重，随后进入深度昏迷状态，多脏器衰竭，生命危在旦夕。转入当地一家三甲医院，检查出血液中含有红细胞内环状体即疟原虫。被诊断为恶性疟疾，经过4天的日夜抢救，患者终于脱离危险。

1. 该患者应选用哪种药物进行治疗，用此药的依据是什么？
2. 在用药中应对该患者进行哪些护理措施？

患者，31岁，因反复寒战、高热、大汗入院，医生诊断为间日疟发作，处方如下：
磷酸氯喹片 0.25g×10 片 第 1 日每次口服 4 片，1 次/日，第 2、3 日每次口服 3 片，1 次/日；磷酸伯氨喹片 13.2mg×10 片，每次 1 片，3 次/日，连服 7 日。
3. 请问该处方分析是否合理，为什么？

第四十二章　抗恶性肿瘤药

一、综合分析选择题

患儿，男，6 岁，患急性淋巴细胞白血病，采用起效快、疗效突出的长春新碱治疗。

1. 请问长春新碱作用于肿瘤细胞增殖的哪一期（　　）
A. G_0 期　　　　　　　B. G_2 期
C. G_1 期　　　　　　　D. M 期
E. S 期

2. 该患者使用长春新碱的给药方法是（　　）
A. 静脉注射　　　　　B. 皮下注射
C. 肌内注射　　　　　D. 鞘内注射
E. 皮内注射

患者，女，45 岁，因患急性淋巴细胞白血病，伴头痛、恶心呕吐、视物模糊、面部感觉异常等。采用甲氨蝶呤治疗，用药后一周，骨髓抑制不良反应明显。

3. 为缓解骨髓抑制症状，宜用下列何药治疗（　　）
A. 维生素 B_{12}　　　　B. 铁剂
C. 叶酸　　　　　　　D. 甲酰四氢叶酸
E. 红细胞生成素

4. 为了缓解白血病的中枢症状，甲氨蝶呤可采用哪种给药方法（　　）
A. 肌内注射　　　　　B. 静脉注射
C. 皮内注射　　　　　D. 皮下注射
E. 鞘内注射

二、案例分析

患者，女，15 岁，因发热，反复鼻出血一周就诊。检直见牙龈增生似海绵状，胸骨压痛明显。血红蛋白 60g/L，血小板 $20×10^9$/L，骨髓原始细胞 0.9，过氧化物酶 POX（-），前列腺特异性抗原 PAS（+）呈粗颗粒状，非特异性酯酶阴性，血清溶菌酶正常。医生诊断为急性淋巴细胞白血病。

1. 联合应用抗肿瘤药应该考虑的问题包括哪些？
2. 针对该患者临床治疗原则是什么？
3. 该患者可选用什么药物，为什么？

参考答案

第一章 药物效应动力学
一、综合分析选择题
1. D 2. A 3. C 4. B 5. B 6. B
7. A 8. E 9. D 10. A
二、案例分析
略

第二章 药物代谢动力学
一、综合分析选择题
1. B 2. A 3. A 4. E 5. D 6. C
7. E 8. C 9. D 10. C
二、案例分析
略

第三章 影响药物效应的因素
一、综合分析选择题
1. D 2. A 3. C 4. A 5. D 6. E
7. A 8. B
二、案例分析
略

第四章 传出神经系统药理学概论
案例分析
略

第五章 胆碱受体激动药和胆碱受体阻滞药
一、综合分析选择题
1. A 2. D 3. C 4. A 5. C 6. C
7. B 8. C 9. D 10. C 11. C 12. C
13. A 14. B 15. B 16. D 17. D
18. C 19. E 20. C 21. D 22. D
23. A 24. E 25. A
二、案例分析
略

第六章 肾上腺素受体激动药和肾上腺素受体阻滞药
一、综合分析选择题
1. A 2. C 3. D 4. B 5. C 6. D
7. A 8. B 9. B 10. B 11. A 12. A
13. C 14. B 15. A 16. B 17. C
18. E 19. E 20. C 21. C
二、案例分析
略

第七章 局部麻醉药
一、综合分析选择题
1. E 2. B 3. E
二、案例分析
略

第八章 全身麻醉药
综合分析选择题
1. E 2. E 3. E 4. A 5. A 6. A

第九章 镇静催眠药
一、综合分析选择题
1. A 2. C 3. A 4. A 5. C 6. E
7. B 8. C 9. A
二、案例分析
略

第十章 抗癫痫药及抗惊厥药
一、综合分析选择题
1. D 2. D 3. E 4. B 5. A 6. A
7. B 8. B 9. B 10. E 11. C 12. B
13. B 14. E 15. D 16. B
二、案例分析
略

第十一章　抗精神失常药

一、综合分析选择题

1. D　2. E　3. A　4. A　5. A　6. E
7. C　8. B　9. A　10. A　11. D　12. B
13. C　14. C　15. D

二、案例分析

略

第十二章　镇　痛　药

一、综合分析选择题

1. A　2. E　3. B　4. A　5. B　6. A
7. E　8. A　9. A　10. E

二、案例分析

略

第十三章　治疗中枢神经系统退行性疾病药

综合分析选择题

1. A　2. D

第十四章　利　尿　药

一、综合分析选择题

1. A　2. D　3. E　4. C　5. B　6. C
7. C

二、案例分析

略

第十五章　抗高血压药

一、综合分析选择题

1. C　2. B　3. B　4. A　5. B　6. A
7. B

二、案例分析

略

第十六章　抗心绞痛药

一、综合分析选择题

1. D　2. C　3. C　4. D　5. E　6. A

二、案例分析

略

第十七章　抗心力衰竭药

一、综合分析选择题

1. A　2. C　3. D　4. B　5. B

二、案例分析

略

第十八章　抗心律失常药

一、综合分析选择题

1. D　2. C　3. A　4. A　5. D　6. D

第十九章　调血脂药与抗动脉粥样硬化药

一、综合分析选择题

1. A　2. B　3. C

二、案例分析

略

第二十章　解热镇痛抗炎药、抗风湿疾病药与抗痛风药

一、综合分析选择题

1. D　2. D　3. A　4. D　5. B　6. A
7. A　8. E　9. C　10. C　11. C　12. B
13. A　14. A　15. C　16. C　17. B
18. A　19. E　20. B

二、案例分析

略

第二十一章　影响免疫功能的药物

一、综合分析选择题

1. D　2. B　3. A

二、案例分析

略

第二十二章　组胺受体拮抗药

一、综合分析选择题

1. A　2. E　3. E

二、案例分析

略

第二十三章　影响其他自体活性物质的药物

一、综合分析选择题
1. A　2. B　3. D

二、案例分析
略

第二十四章　肾上腺皮质激素类药

一、综合分析选择题
1. B　2. D　3. A　4. C　5. E

二、案例分析
略

第二十五章　胰岛素及其他降血糖药

一、综合分析选择题
1. C　2. B　3. E

二、案例分析
略

第二十六章　甲状腺激素与抗甲状腺药

一、综合分析选择题
1. E　2. A　3. E

二、案例分析
略

第二十七章　垂体激素和下丘脑释放激素

一、综合分析选择题
1. A　2. D

二、案例分析
略

第二十八章　性激素类药及避孕药

一、综合分析选择题
1. A　2. E　3. B

二、案例分析
略

第二十九章　影响其他代谢的药物

一、综合分析选择题
1. C　2. B

二、案例分析
略

第三十章　作用于呼吸系统的药物

一、综合分析选择题
1. B　2. D　3. C　4. A　5. C

二、案例分析
略

第三十一章　作用于消化系统的药物

一、综合分析选择题
1. C　2. E

二、案例分析
略

第三十二章　作用于血液系统的药物

一、综合分析选择题
1. B　2. A

二、案例分析
略

第三十三章　抗菌药物概论

一、综合分析选择题
1. D　2. A　3. A　4. E　5. D　6. E
7. D　8. C　9. B　10. C　11. D

二、案例分析
略

第三十四章　β-内酰胺类抗生素和其他作用于细胞壁的抗生素

一、综合分析选择题
1. A　2. A　3. B　4. C　5. E　6. A
7. B　8. C　9. E　10. B　11. A　12. D
13. B　14. D　15. C　16. C　17. E
18. A　19. C　20. D　21. B　22. D
23. D　24. C　25. C

二、案例分析
略

第三十五章　氨基糖苷类抗生素

一、综合分析选择题
1. E　2. D　3. D　4. A　5. A　6. C
7. A　8. E　9. D　10. E　11. B　12. E

13. D 14. B 15. D 16. B 17. B
18. E 19. B 20. A

二、案例分析
略

第三十六章　大环内酯类及其他抗生素

一、综合分析选择题

1. E   2. C   3. E   4. E   5. B   6. D
7. B   8. D   9. A   10. D 11. C 12. B
13. B 14. E 15. A 16. A 17. D
18. D 19. A 20. A 21. E 22. A
23. B 24. C 25. D

二、案例分析
略

第三十七章　人工合成抗菌药

一、综合分析选择题

1. B   2. C   3. C   4. B   5. C   6. A
7. C   8. D   9. D   10. E

二、案例分析
略

第三十八章　抗结核病药与抗麻风病药

一、综合分析选择题

1. E   2. E   3. B   4. B   5. C   6. C
7. A   8. B   9. C   10. E 11. A 12. B
13. E 14. E

二、案例分析
略

第三十九章　抗真菌药

一、综合分析选择题

1. B   2. D   3. E   4. E   5. C   6. E
7. B   8. A   9. C   10. B 11. A 12. C
13. B 14. A 15. A

二、案例分析
略

第四十章　抗病毒药

一、综合分析选择题

1. A   2. E

二、案例分析
略

第四十一章　抗寄生虫病药

一、综合分析选择题

1. B   2. D

二、案例分析
略

第四十二章　抗恶性肿瘤药

一、综合分析选择题

1. D   2. A   3. D   4. E

二、案例分析
略

参考文献

程能能, 2011. 药理学学习指导与习题集. 2 版. 北京：人民卫生出版社.
董志, 2018. 药理学学习指南. 北京：人民卫生出版社.
龚国清, 2020. 药理学实验与指导. 4 版. 北京：中国医药科技出版社.
姜远英, 文爱东, 2016. 临床药物治疗学. 4 版. 北京：人民卫生出版社.
李仪奎, 2006. 中药药理学实验方法. 2 版. 上海：上海科学技术出版社.
秦川, 谭毅, 张连峰, 2020. 医学实验动物学. 2 版. 北京：人民卫生出版社.
宋晓亮, 许超千, 2020. 药理学. 北京：人民卫生出版社.
魏伟, 2010. 药理学实验方法. 4 版. 人民卫生出版社.
吴基良, 罗健东, 2012. 药理学. 2 版. 北京：科学出版社.
杨宝峰, 2018. 药理学. 9 版. 北京：人民卫生出版社.
俞丽霞, 2004. 药理学实验. 杭州：浙江大学出版社.
张宝来, 2020. 药理学实验指导. 北京：清华大学出版社.
周玖瑶, 2019. 药理学实验. 2 版. 北京：中国医药科技出版社.
朱依淳, 殷明, 2016. 药理学. 8 版. 北京：人民卫生出版社.